神话

魅力神话传说

周丽霞 编著 胡元斌 丛书主编

汕頭大學出版社

图书在版编目（CIP）数据

　　神话：魅力神话传说 / 周丽霞编著. -- 汕头：汕
头大学出版社，2015.1（2020.1重印）
　　（中国文化百科 / 胡元斌主编）
　　ISBN 978-7-5658-1537-9

　　Ⅰ．①神… Ⅱ．①周… Ⅲ．①神话－中国 Ⅳ.
①B932.2

　　中国版本图书馆CIP数据核字(2014)第310338号

神话：魅力神话传说　　　　SHENHUA：MEILI SHENHUA CHUANSHUO

编　　著：周丽霞
丛书主编：胡元斌
责任编辑：汪艳蕾
封面设计：大华文苑
责任技编：黄东生
出版发行：汕头大学出版社
　　　　　广东省汕头市大学路243号汕头大学校园内　邮政编码：515063
电　　话：0754-82904613
印　　刷：三河市燕春印务有限公司
开　　本：700mm×1000mm 1/16
印　　张：7
字　　数：50千字
版　　次：2015年1月第1版
印　　次：2020年1月第2次印刷
定　　价：29.80元
ISBN 978-7-5658-1537-9

前 言

  中华文化也叫华夏文化、华夏文明，是中国各民族文化的总称，是中华文明在发展过程中汇集而成的一种反映民族特质和风貌的民族文化，是中华民族历史上各种物态文化、精神文化、行为文化等方面的总体表现。

  中华文化是居住在中国地域内的中华民族及其祖先所创造的、为中华民族世世代代所继承发展的、具有鲜明民族特色而内涵博大精深的传统优良文化，历史十分悠久，流传非常广泛，在世界上拥有巨大的影响。

  中华文化源远流长，最直接的源头是黄河文化与长江文化，这两大文化浪涛经过千百年冲刷洗礼和不断交流、融合以及沉淀，最终形成了求同存异、兼收并蓄的中华文化。千百年来，中华文化薪火相传，一脉相承，是世界上唯一五千年绵延不绝从没中断的古老文化，并始终充满了生机与活力，这充分展现了中华文化顽强的生命力。

  中华文化的顽强生命力，已经深深熔铸到我们的创造力和凝聚力中，是我们民族的基因。中华民族的精神，也已深深植根于绵延数千年的优秀文化传统之中，是我们的精神家园。总之，中国文化博大精深，是中华各族人民五千年来创造、传承下来的物质文明和精神文明的总和，其内容包罗万象，浩若星汉，具有很强文化纵深，蕴含丰富宝藏。

  中华文化主要包括文明悠久的历史形态、持续发展的古代经济、特色鲜明的书法绘画、美轮美奂的古典工艺、异彩纷呈的文学艺术、欢乐祥和的歌舞娱乐、独具特色的语言文字、匠心独运的国宝器物、辉煌灿烂的科技发明、得天独厚的壮丽河山，等等，充分显示了中华民族厚重的文化底蕴和强大的民族凝聚力，风华独具，自成一体，规模宏大，底蕴悠远，具有永恒的生命力和传世价值。

在新的世纪，我们要实现中华民族的复兴，首先就要继承和发展五千年来优秀的、光明的、先进的、科学的、文明的和令人自豪的文化遗产，融合古今中外一切文化精华，构建具有中国特色的现代民族文化，向世界和未来展示中华民族的文化力量、文化价值、文化形态与文化风采，实现我们伟大的"中国梦"。

习近平总书记说："中华文化源远流长，积淀着中华民族最深层的精神追求，代表着中华民族独特的精神标识，为中华民族生生不息、发展壮大提供了丰厚滋养。中华传统美德是中华文化精髓，蕴含着丰富的思想道德资源。不忘本来才能开辟未来，善于继承才能更好创新。对历史文化特别是先人传承下来的价值理念和道德规范，要坚持古为今用、推陈出新，有鉴别地加以对待，有扬弃地予以继承，努力用中华民族创造的一切精神财富来以文化人、以文育人。"

为此，在有关部门和专家指导下，我们收集整理了大量古今资料和最新研究成果，特别编撰了本套《中国文化百科》。本套书包括了中国文化的各个方面，充分显示了中华民族厚重文化底蕴和强大民族凝聚力，具有极强的系统性、广博性和规模性。

本套作品根据中华文化形态的结构模式，共分为10套，每套冠以具有丰富内涵的套书名。再以归类细分的形式或约定俗成的说法，每套分为10册，每册冠以别具深意的主标题书名和明确直观的副标题书名。每套自成体系，每册相互补充，横向开拓，纵向深入，全景式反映了整个中华文化的博大规模，凝聚性体现了整个中华文化的厚重精深，可以说是全面展现中华文化的大博览。因此，非常适合广大读者阅读和珍藏，也非常适合各级图书馆装备和陈列。

目 录

上古神话

佛教神话

道教神话

民间神话

上古

上古神话是指我国夏代以前直至远古时期的神话和传说，是原始先民在社会实践中创造出来的，内容涉及自然环境和社会生活的各个方面。

上古神话包括创世神话、始祖神话、洪水神话、战争神话和民族精神神话等。

这些神话中的神是人类保护者，是真善美的化身，反映劳动创造世界的思想与献身精神，歌颂正义、善良、勤劳、勇敢、乐观、豪迈的品质，是中华民族精神的体现。

巨人盘古开天辟地

远古时候，我们的祖先在不断探索自然与人类之谜的过程中，面对天上的闪电雷雨和地上的芸芸众生，逐步学会了观察与思考：天地是怎么产生的呢？我们人类是从哪里来的呢？

当我们的祖先在大脑发达，思维能力也显著增强时，于是在意识形态方面，就产生了灵魂不灭的观念。

有了这样神奇的观念，先民们就对世间各类不能理解的现象进行幻想。他们凭着对事物观察产生的自我感受，试图揭开自然与人类之谜，特别是试图揭开宇宙和人类的起源、生存之谜等。

人们曾经幻想有一个叫盘古的人，他用自己的神奇力量，开天辟地，并创造世间万物。

说是在那遥远的太古时代，没有天，没有地，没有日月星辰，没有山川湖泊，没有花草树木，没有飞禽走兽，更不用说有人类了。

那时，世界就像一个巨大的鸡蛋。在这个鸡蛋里面，所有的东西都混合在一起，黑暗混沌一片。这个"鸡蛋"不知道孕育了多少万年，孕育了一个具有神奇力量的盘古。盘古在这个大鸡蛋中孕育着，成长着，酣睡着，就这样一直睡了一万八千年，盘古长成了一个巨人。

忽然有一天，蜷曲在"鸡蛋"里的盘古睡醒了，当他睁开眼睛时，发现周围一片漆黑，自己处在一团黏糊混沌之中，他感到非常憋闷。

盘古对自己所处的环境很不满意，他不能忍受这与生俱来的黑暗、压抑和混沌的状态。于是，他就使出积攒了一万八千年的力量，振臂挥舞，将束缚自己的"鸡蛋"壳上下一撑，只听见山崩地裂般的轰然巨响，黑暗混沌的大"鸡蛋"破裂开了。

接着，天地开始旋转起来，宇宙中所有轻盈而又清澈的东西逐渐上升，慢慢汇集在一起，变成了蓝色的天空；那些沉重而混浊的东西逐渐向下面沉积，慢慢变成了脚下的大地。盘古放眼望去，世界一片豁达开朗，澄清透明。

　　盘古站在这天地之间非常高兴，他很怕天地再合拢起来，变成以前样子，就用双手撑着蓝天，双脚踏着大地，让自己的身体每天长高一丈。随着他的身体增长，天每天增高一丈，地也每天加厚一丈。

　　就这样，天在不断地变高，地在不断地变厚。又过了十万八千年，天已经高不见顶，地也变得深不可测了，盘古充满了整个宇宙，成了真正"顶天立地"的英雄。

　　但是，天地间毫无生机，孤独的巨人就这样擎天踏地，一直站立着。不知又过了多少年，天地的结构基本定型了，盘古也支撑不住了，终于有一天，他轰然倒下，力疲身亡。

　　就在盘古巨大的身躯倒地的一刹那，他的整个身体发生了令人惊奇的巨大变化：他口里呼出的气变成了清风和白云；他的声音变成了轰隆的雷霆和霹雳；他的目光变成了闪电；他的左眼变成了光芒四射的太阳；他的右眼变成了皎洁明亮的月亮；他的手脚变成了支撑天空

的四个天柱；他的五脏变成了五岳大山；他的血液变成了川流不息的江河湖海；他的筋脉变成了大地框架轮廓的道路；他的肌肉变成了田野地里的沃土；他的头发和髭须变成了天上数不尽的繁星；他的皮肤和汗毛变成了花草树木；他的牙齿、骨头、骨髓等，都变成了闪光的金属、坚硬的石头、圆亮的珍珠和温润的玉石等，成为了大地的宝藏；就连他身上的汗水，也变为了雨露和甘霖。

盘古身体全部融化在天地之间了，从此，人世间便有了阳光雨露，大地上就有了江河湖海，万物滋生，自然开始生生不息了。

后来，我们祖先为了纪念这位创造世界的圣祖，就把他尊为中华民族的第一古神，也成为我国远古文化的源头了。

在我国古代历史长河中，具有许多与盘古有关的神话记载。在云南沧源有一幅岩画，是两万年前原始人的作品，岩画的内容是：一人头上发出太阳的光芒，左手握一石斧，右手拿一木把，两腿直立傲视一切。这种形象与盘古立于天地之间，用斧头劈开混沌开天辟地的传说正相契合。至于人首所呈现的太阳之状，则是反映了原始先民对太阳神的崇拜，也是对盘古把温暖送给人间的希望祈盼。据此证明，盘古神话在两万年前已经诞生。

至商周时期，盘古的名字就出现在有关典籍中。我国第一部富于

神话传说的最古老奇书、先秦重要古籍《山海经》就有盘古的记载。

后来三国时期吴国太常卿徐整所著的《三五历纪》、《五运历年纪》及《古小说钩沉》辑的《玄中记》也有盘古记载，系统描述了盘古开天辟地的经过。在南朝萧梁文学家任昉所著的《述异记》中，则详细描述了盘古死后身体化为天地万物的事情。

在我国各地，也广泛流传着与盘古有关的神话。河南桐柏被认为是盘古文化的根源地，当地一直存在着"盘古庙会"，每年的农历九月初九是祭祀盘古日。在这里，有许多盘古开天辟地、捏泥造人、滚磨成亲、造衣服、驯牛、降龙、治水、造酒、造农具等传说故事，这种特有的文化现象，体现了盘古文化根源地的特征。

在河南泌阳南15千米的盘古山，有一座最古老的盘古庙，当地流传着上百种盘古神话。传说盘古山就是当年盘古开天辟地、繁衍人类、造化万物的地方。山势巍峨挺拔，高耸入云。山石嶙峋并立，林木苍郁，古庙幽静，景色宜人，乳白色的云雾飘荡在山峦间，一层层薄纱覆盖着一个个悠远的神话传说。

在湖南怀化沅陵境内，也有一个盘古洞，洞内有一巨大的石锁，还有很多生活用具。在一张石床上还有一根钟乳石柱，高有数米。

在宜川集义和寿峰之间，也有座大山叫"盘古山"，雄踞群山，高耸挺拔，谷深林密，人迹稀少。另外，盘古开天辟地的神话在我国台湾也有不同的传说。

有关盘古的神话，在我国南方少数民族中也广泛流传。苗族和瑶族向来崇奉盘古，把盘古看作他们的祖先。壮族、侗族、仫佬族等民族也把盘古看作开天辟地的人类始祖。尤其是在壮族聚居地的桂林，在魏晋南北朝时，就立有盘古的庙宇。

盘古神话产生于我国中原地带，其丰富内容反映了黄淮、江淮地域古老的文化风貌。歌颂盘古开创精神和无私无畏的原始神话，正是歌颂了中华民族优秀文化极其辉煌的一章。

千百年来，盘古文化在盘古用生命所开创的热土上生生不息，成为中华文化中的一颗璀璨明珠。盘古开天辟地的传说，朴素地解释了宇宙的起源，夸张地表现了盘古的神力，这是对人的力量的大胆幻想和歌颂，反映了人类对于战胜自然的信念和向往。

拓展阅读

在神话传说中，"盘古开天"的故事大同小异。有一种说法是，太古之时，太空中有一个巨星，形如鸡蛋，在无际的黑暗云雾中飘浮。巨星内部有一个名叫盘古的巨人，一直在用他的斧头进行开凿，试图把自己从围困中解救出来。

经过一万八千年的艰苦努力，当盘古挥出最后一斧时，只听一声巨响，巨星分开为两半，一半化为气体，不断上升，化为天空，一半变为大地。天地之间，每日增加三尺，盘古身在其中也日渐高大，便成了顶天立地的英雄。

女神女娲抟土造人

那是在很久以前的原始社会，我们的祖先为了生存，便按性别和年龄简单地进行分工劳作。青壮年男子主要负责外出狩猎、捕鱼，女子则从事采集果实，并看守住所、加工食物、缝制衣服、管理杂务、养护老幼等劳动。

在当时，女子采集野果要比男子渔猎的收获稳定得多，而且这成为了氏族成员生活资料的重要来源，是维系氏族生活的基本保证。

又由于妇女在生育上的特殊作用，而繁衍人口又关系到民族和部落的存亡，因此，妇女在生产和生活中居于重要地位，在氏族中具有崇高的威望，掌握着氏族的领导权。

在这个漫长的母系社会时期，氏族成员的世系是根据母系的血统来决定的，子女只认得自己的母亲，不认得自己的父亲，母亲的领导起了巨大作用。

由于这时的生产力水平很低，我们的祖先们面对自身，就开始思考我们人类是从哪里来的呢？也就是怎么产生的呢？人们不能正确解释人类的起源问题，于是，他们就以贫乏的生活经验，借助想象来描述人类自身的起源问题，描绘了始祖活动和民

族形成的情境，于是就创造出了一个女娲抟土造人的神话故事。

传说那是在盘古开天辟地之后，大地上有了灿烂的阳光和绚丽的花草，显得十分美丽。这时，一位美丽女神女娲从天而降，她沐浴着大地的阳光和轻风，欣赏着山川草木的美景。女娲看到，尽管大地上有很多生物，有花草树木，还有鸟兽虫鱼，但却显得死气沉沉的。

有一天，女娲行走在大地上，她感到非常孤独，觉得应该给天地之间增添一些更加有生气的东西，使得大地具有活力。

在一个偶然机会，女娲来到一处水池边，清澈碧透的池水，倒映出她那秀美的身影。于是，她抓起地上的黄土，就照着自己映在水中的样子，揉团捏成了一个娃娃形状的小东西。

　　说来也很奇异，当女娲把这个泥娃娃放到地面上时，这个小东西就有了生命，眼睛睁开了，嘴巴张开了，还手舞足蹈、活蹦乱跳的。女娲对自己的劳动成果异常欣慰，就给这个泥娃娃取名叫做"人"。

　　这个人的身体虽然很小，但因为是女神亲手造的，所以，他与飞鸟、走兽都不同。他集天地的精华，是万物中思想最丰富的生命，他有管理大地的智慧。

　　女娲看到人活了，她就更加努力地工作起来。她打水、和泥，又有许许多多的小泥人在她的手中诞生了。这些可爱的小人儿一落地就围着女娲欢呼、跳跃，并亲切地叫她"妈妈"，以表达对女娲赋予他们生命的感激。然后，他们就成群结队地离去了。

　　看到这些小人儿，女娲充满了惊讶和安慰。她就继续工作着，于是越来越多活生生的小人儿从她手中来到了地上，女神就随时能够听到周围人的欢笑声了，她再也不感到寂寞和孤独了，因为大地上有了她创造的儿女。

女娲还想让这些机灵的小生灵布满大地，但是大地毕竟太大了，她工作了很久，还是远远没能达到她的愿望。十分疲劳的女娲，于是想出了一个办法，她找到一根树枝，把它放到水塘中，然后把水塘搅混，使树枝沾满了泥，然后她把树枝用力一甩，泥点落到地上，竟也变成了一群群小人儿。

女娲高兴极了，她不停地甩着树枝，不久，大地上便布满了人类的踪迹了。从此，人类在大地上生活繁衍，生生不息了。

女娲是我们中华民族文化发展史上流传时间最久、影响最大、流传最广的神话传说人物，关于她的传说很多，影响也非常广泛而深远。

据有关文献记载，女娲传说在战国时期就已经很广泛了。最早提出女娲神话传说的是战国时期楚国著名诗人屈原，他在诗歌《天问》中说：

女娲有体，孰制匠之？

这句话意思是：传说创造人类的女娲具有怪异的形体，那么女娲怪异形体又是什么匠人创制并图画出来的呢？东汉人王逸第一个在为《楚辞》作注时说，在传说中，女娲是人头蛇身。这就把屈原所说女

娲的怪异形体具体化了。

在我国先秦重要古籍《山海经》中，记述传说中的女娲可以化育万物，最后她自己的肠子也化为了神人。东汉时期学者应劭写的研究古代风俗和鬼神崇拜的书《风俗通义》中，对女娲抟土造人的神话传说，也作了生动记述。

据北朝时北魏地理学家郦道元所著的《水经注》中记载，在渭河支流葫芦河畔有一座古老的女娲祠，还有女娲洞，又有女娲庙，用以祭祀女娲，在陇城又称"娲皇故里"。女娲以风为姓，所以这里还有和女娲有关的地名风台、风茔、凤尾村等。

在我国历代古籍中关于女娲的记述，大多是经历汉族长期口口相传之后，再由后世历代文人加工载录形成的。

鉴于女娲对人类初创所做出的巨大贡献，后世的人们就把女娲尊奉为女皇。在河南涉县唐王峧山腰就有一座娲皇宫，传说是女娲抟土造人的地方。

娲皇宫始建于北齐，是人们为了祭祀女娲而修建的，也是我国最早的奉祀上古天神女娲氏的古代建筑。在我国云南的苗族、侗族地区，还把女娲作为本民族的始祖加以崇拜。

女娲造人的神话传说，蕴含着中华民族对自己创世纪历史的深邃认识和浅近质朴的表述。女娲用"黄土"孕育了中华民族，既浪漫而生动地揭示了女娲始祖孕育中华民族的历史，也科学反映了中华民族的发源地来自黄土地，它是古代劳动人民对自然现象和人类起源的一种朴素的解释和美丽向往。

女娲是中华民族的共同人文始祖，是中华民族伟大的母亲。女娲文化博大精深，内容丰富，是史前文明和中华民族优秀的传统文化，它所承载的"造化自然、造福人民、博爱仁慈、自强不息"的思想内涵，已经内化为了中华民族伟大的民族品性，支撑着中华民族数千年来源远流长和传承不衰的古老历史。

拓展阅读

据传说，女娲是一个真实存在过的部落女首领，主要活动在黄土高原，她的陵寝位于山西洪洞赵城镇东的侯村。赵城县的位置，正在《尚书·禹贡》所记：冀州之城的"中镇名山"霍山之麓，这里正在女娲主要活动范围之内。倾一生之力为缔造人类而献身的女娲最后长眠于此，是很有可能和顺理成章的事情。

女娲陵的存在时间在三四千年以上，是我国古代皇帝祭奠的庙宇。当地在每年农历三月初十前后，要举行长达7天的大型庙会和祭祀活动。

女娲炼石补天消除洪灾

那是我们祖先生活的母系氏族社会时期，有一天，人们正在劳动，突然间听到一声巨响，紧接着人们感到脚下的大地开始抖动，就连对面两座山也左右摇晃着撞在了一起。

霎时间，两座山由内而外喷出火焰、泥浆，从山顶滚滚而下，环抱群山，还发出"轰轰隆隆"的怪声，飞沙走石，一条山谷很快就被泥浆掩埋了。山顶喷发出的黑色烟雾瞬间淹没了整片山林，变成了漆黑一团。

天昏地暗，日月无光，暴雨伴随着泥石流，从山上奔腾而来，洪峰铺天盖地，高达几十米甚至上百米，那种摧枯

拉朽的狂潮，瞬间将人们的生命财产毁于一旦。

面对突如其来的自然灾害，幸存下来的人们在女首领的领导下，迅速迁移到远离灾区的山洞里住了下来。然后，女首领组织大家积极想办法进行抗灾救灾，人们紧密团结在一起，终于度过难关。

后来，人们为了纪念这位女首领带领人们面对自然灾难进行艰苦抗争的事情，就把这位女首领与抟土造人且具有无限爱心的女娲联系了起来，创造了一个生动的传说故事。

传说，那是在天神女娲创造人类之后，大地上非常祥和，在很长一段时间内，女娲的子孙们都过着无忧无虑的生活。

有一年，水神共工和火神祝融，为了争当领袖大战了一场。共工战败后，气得用头撞了西方的不周山，结果把这座撑天的大柱撞塌了，天穹的四边也被撞毁了，天上塌陷出了一个巨大的窟窿。于是，天河里的水就顺着窟窿哗哗地倾泻了下来，淹没了田地、庄稼、牲畜和房屋，使得成千上万的人被这场天灾夺去了生命。

女娲眼看着她亲手创造的子孙们遭受如此灾难，焦急万分，于是她决心炼石把天上的缺口补起来，这样就可以把她的子孙们从灾难中解救出来。

于是，女娲周游四海，遍涉群山，最后选择了东海之外的海上仙山天台山作为炼石之地，因为只有天台山才出产炼石用的五色土，是炼补天石的绝佳之地。

女娲在天台山顶上堆巨石为炉，取五色土为料，又借来太阳神火，历时九天九夜，炼就了五色巨石36501块。然后又历时九天九夜，用36500块五彩石将天补好，剩下的一块便遗留在天台山中汤谷的山顶上了。

天是补好了，可是却找不到支撑四方的柱子。要是没有柱子支撑，天就还会塌下来的。情急之下，女娲想到把背负天台山的神鳌四只足砍下来支撑四方。此时，炼石的芦柴已经烟火散尽，天空已经是碧青一色，女娲只好用剩下的芦灰填平地上洪水泛流时冲起的沟壑。

女娲补天之后，天地定位，洪水归道，烈火熄灭，四海宁静。人们终于摆脱了灾难，重新过上了安居乐业的生活。大地上又出现了祥和的气氛，人们脚踏着比以前更加肥沃的土地，头顶着比以前更加明朗的晴天，无忧无虑，从此幸福快乐地生活着。

这个女娲补天的神话故事，讲述的是母系社会女娲作为部落首领率领部落与自然灾害顽强抗击的事件。这则上古时代的神话故事最早记载于我国先秦重要古籍《山海经》之中。此外，在汉代史学家司马迁著的《史记》也有记载。在古典著作《竹书纪年》、《淮南子》、《太平御览》等书中也均有记述。

女娲是中华民族世世代代歌颂的对象，是民间恒久崇拜的创世女神和始祖神。在我国，民间传说女娲炼石补天的地方有多处。

在山东日照的天台山上，有女娲补天台的景观，在补天台下有被斩了足的神鳌和补天剩下的五彩石，人们称之为太阳神石。

在陕西平利还有一座女娲山，山上建有女娲庙，气势宏伟，殿宇众多。据当地人们讲，当时女娲在炼石成功后，她奋力举石补天，第一脚踏力过猛，将此山踏歪偏向山南一侧了，故得名"偏头山"。

在山西晋东南的太行山，传说还留下了女娲炼石补天的遗迹，还有娲皇庙、娲皇宫等古老的纪念建筑。其中平定的东浮山，传说是女娲炼石灶的地方，周围还堆积有许多五颜六色和布满孔隙的浮石。据当地人们传说这就是女娲炼石时所产生的石渣。

在甘肃有一些地方，传说女娲补天时间为农历的正月二十。每逢这一天，人们就要家家烙煎饼，并在上面插上针，穿上红线，摆在地窖、水井、厅堂等地方，以纪念女娲补天。

女娲补天的神话，为我们中华民族塑造了一个具有奇异神通而又辛勤劳作的母亲形象，她心中充满了母爱，她的创造精神和坚韧意志力，激励了中华儿女战胜困难的勇气和决心，是中华民族自强不息开拓进取精神的不竭动力。

同时，这个传说还歌颂了女娲为了人类的生存，冒着生命危险而拯救人类，这种不怕牺牲、排除万难、勇于奉献的伟大精神，使得我们中华民族生生不息。

拓展阅读

传说女娲补天的神话是源于华夏先民烧瓦盖房防漏的措施，反映了女娲发明瓦的事迹。瓦坚硬如石，不同土质烧制的瓦颜色各有不同，可以称为"五色石"。当阴雨连绵给人们的生产生活带来不便时，于是聪明的祖先就发明了用瓦覆盖屋顶，表示"炼五色石"以补破漏的天空。人们认为这样的事只有神人女娲才能做到，女娲补天的神话就这样诞生了。

其实，类似女娲补天的神话传说，都是以不同的形式，从一个侧面反映了我国古人的勤劳与智慧。

夸父追日的英雄壮举

那是在远古时期，由于人们的生产力十分低下，只能靠在野外采集食物为生。同时，受季节变化和天灾影响，食物来源也不充足。因此人们生存需要逐水而居，经常不断迁徙。

那时，森林中居住了一个叫夸父的部落，随着时间的推移，他们的族群日益壮大。但是，原有的森林被砍伐得越来越少，果实也越来越少，各种生活物资日渐匮乏。

面对这种状况，部落的人们便想推举一个人出去寻找新的生活环境，选好之后，再将整个部落迁徙。而且当时的人们已经认识到太阳是人们所必需的光和热的来源，是影响人们日

常生活与生产活动的关键。人们看到太阳每天从东方升起，从西方落下，于是认为在太阳落下的禺谷里，阳光一定是最充足的，对于因资源不足而面临困境的人们，迁移到那里去必定是一个最好的选择。

于是，夸父便带着大家的希望，向西寻找太阳落下的禺谷。走着走着，他发现自己走进了沙漠。在沙漠之中，夸父看到周围全是黄色的沙丘，白天一片酷热，干渴令他难以忍受。在长途跋涉中，他的体力迅速下降，最后倒在了沙漠之中。于是，夸父的族人就把夸父追太阳的事迹口口相传下来，形成了一个神话故事。

传说，那是在远古时期，北方荒野中有座巍峨雄伟的高山。在山林深处，生活着一群力大无穷的巨人。他们是土地神后土的子孙，过着与世无争和逍遥自在的日子。这群人的首领叫夸父，他身强力壮，高大魁梧，意志力坚强，气概非凡，还心地善良，辛勤勇敢。

有一年天气分外炎热，火辣辣的太阳直射大地，烤死了庄稼，晒焦了树木，晒干了河流，人们因为难以忍受炎热也都纷纷死去了。

夸父看到这样的情景难过不已，他仰头望着太阳，再看看愁苦不堪的族人，然后狠下心对族人说："太阳实在可恶，我要追上太阳，捉住它，让它听我指挥。"

族人听后纷纷劝阻说："你千万别去啊！太阳离我们那么远，你会累死的。"

但是，夸父心意已决，发誓要捉住太阳，他说："为了大家的幸福生活，我一定要去！"

太阳刚刚从海上升起，夸父就告别族人，胸怀雄心壮志，从东海边上向着太阳升起的方向迈开大步，开始了逐日的征程。

太阳在空中不停地移动，夸父在地上风驰电掣地拼命追赶。他穿越了一座座大山，跨过了一条条河流，大地被他的脚步震得"隆隆"作响，左右摇晃。

夸父跑累了就在地上稍微打个盹儿，将鞋里的土抖落在地上，于是变成了大土山。饿了他就摘野果充饥，有时候也就地取材煮饭，他用3块石头架锅，这3块石头就成了3座鼎足而立的高山，有几千米高。

就这样，眼看着离太阳越来越近，夸父的信心也越来越足。然而越接近太阳，他就感觉渴得越厉害，捧河水喝也不能止渴，但他仍然

没有退缩。

夸父历经九天九夜，在太阳落山时，他终于追上了太阳。红彤彤、热辣辣的火球，就在他的头上，万道金光，照射在他身上。

夸父无比欢喜地张开双臂，想把太阳抱在怀里。可是太阳的炽热，让夸父感到又渴又累。于是，他就跑到黄河边，一口气把黄河的水喝干了。接着他又跑到渭河边，把渭河水也喝干了，但仍不解渴。他又向北跑去，因为那里有纵横千里的大泽。但是，夸父还没有跑到大泽，在半路上就已经累得奄奄一息了。

夸父知道自己已经生命将尽，心里充满了遗憾，他还牵挂着自己的族人。于是，他使尽最后的力气，将手中的拐杖扔了出去，然后倒下了。拐杖落地的地方，顿时生出大片郁郁葱葱的桃林。从此，这片桃林终年茂盛，为往来的过客遮阴，并结出硕大的鲜桃，为勤劳的人们解渴。

没能抓住太阳的夸父虽然累死了，可是他不怕牺牲、勇敢追日的精神却为天帝所感动，因此天帝对太阳进行了惩罚。从此，夸父部落，连年风调雨顺，五谷丰登，万物兴盛，天下太平。

夸父死后，他的身体变成了一座大山，人们称之为"夸父山"。夸父山位于河南灵宝西35里的灵湖峪和池峪中间。山的北面，有一座好几百里宽的桃树林，传说就是夸父死时扔下手杖变成的桃林。还有湖南也有一座夸父山，上面还有夸父架锅的3块巨石。

为了纪念夸父舍己为人的大无畏精神，人们尊崇夸父为夸娥氏，把夸父的后人也尊为天神，夸父的两个儿子也被天帝封为大力士。

在我国古籍《山海经·海外北经·夸父与日逐走》里记载：夸父与太阳竞跑，想摘下太阳，放到人的心里，人如太阳永远光明向上，温暖不息。他一直追赶到太阳落下的地方，他感到口渴，想要喝水，就到黄河、渭水喝水。黄河、渭水的水不够，又去北方的大湖喝水。他还没赶到大湖，就半路渴死了。他遗弃的手杖，化成桃林，成为了人类的桃花源。

这则神话故事，表现了夸父的宏大志向和雄伟气魄，也反映了我国古代人民探索大自然、征服大自然、战胜自然的强烈愿望和顽强意志。尤其是夸父勇于探索、不怕牺牲、造福人类的可贵精神对后世影响非常大。人们常用"夸父追日"来形容积极向上、不懈追求的美好精神。

拓展阅读

关于"夸父追日"的神话，还有另一种说法：

古代巴国有一叫夸父的人，由于年代久远，自己的祖先究竟来自哪里已经不清楚了。于是，夸父为了追寻自己祖先的真正来源，他从巴国出发，到黄河流域去看个究竟。可是，他走遍了黄河和渭河流域，尽管看了许多人为祖先建造的祠堂，却始终没有找到真正关于祖先来源的证据。没有找到自己想要找到的正宗祖宗，他只好继续寻找，直到累死在他乡，心里都还在想着一定要寻找到祖先的来源。

小鸟精卫衔石填海

那是在尧帝时期，在大地上出现了一场海水倒灌陆地的大灾难。近千米高的洪峰，以雷霆万钧之势，咆哮着冲向陆地，吞没了平原谷地，吞没了所有生灵。高山在波涛中颤抖，大陆在剧变中呻吟，绝大多数人都丧生在这场巨大的洪水之中了。

这种桑田一时间变为沧海的大灾难，吞没了人们的生命财产，给人们带来前所未有的损失，这种灾难是刻骨铭心的，于是幸存下来的

人们便产生了想抵御自然灾难的想法。

由于大海夺去了许多人的生命，人们还想向大海报仇，产生了填平大海的愿望和征服大海的决心。所以，人们就编造出了精卫填海这样一个神话故事。

相传那是在远古的时候，神农炎帝有4个女儿，其中最小的女儿名叫女娃。女娃从小就十分活泼可爱，也是炎帝女儿当中长得最漂亮的一个，因而最得炎帝的宠爱。女娃天生长了一张叫人忘忧的脸，无论谁有多么烦恼的事情，看见她就立刻豁然开朗，所以家里人全都喜欢她。

在欢喜之余，家里人也常常为她担忧，因为她喜欢做的事，往往是出人意料的。有时一眨眼的工夫，就不知道她跑哪儿去了，弄得全家人到处找她。

有一次，女娲无意间跑到她家附近的森林，惊奇地发现眼前有一片一眼望不到边的大海。瞬间，她就被吸引了，情不自禁地往大海的方向跑去。一会儿工夫，山丘、树林全都被女娲落在身后了，打在岸边的海浪，也看得越来越真切了。

女娲面向深蓝色的海洋，深深地被迷住了。她似乎没有注意到低沉的浪涛声里有一股庞大而神秘的力量，而迎面而来的海风，除了有点咸咸的湿气以外，还特别带着一股腥膻的味道。

女娲双脚踩在细细软软的沙地上，很快就开心地玩耍起来。有时候追逐海浪，有时候堆砌沙子，完全忘了时间的流逝，也没发觉海水越来越向她靠近。

接着，她还踏上了一条小船，在海面上轻轻荡漾。海风微微地吹

拂着海面，海浪柔柔地起伏，带着小舟往大洋深处漂去。

突然间，平静的大海变了脸，太阳也不见了，轻轻的海风发出激烈狂野的声音。大海的浪涛越来越高，女娃的力气越来越弱，女娃被漩涡吸进了深渊，喧嚣的涛声掩盖了女娃求救的声音。

女娃用尽全身力气挣扎，但没过多久就没有力气了，可是她还不死心："我要回去！"她不停地在心底呐喊着。

就在女娃仅剩最后一丝气息的时候，她仿佛看到了炎帝就在她面前。于是，她放声大喊，好像获取到了一股神奇的力量。

刹那间，海水松了手，女娃觉得自己已经飘飘地离开了水面。她激动地嘶喊出来，可是，听到的却不是自己的声音。她再喊，还是一样陌生的声音。这时她才发觉，自己的嘴、身体、手、脚，已完全变成鸟的样子了，头上还留着一小撮带有花纹的羽毛。

女娃变成了一只鸟，她的身子黑黑的，有点像小乌鸦。可是它的嘴是白色的，爪子是红色的，脑袋上还有花纹。

女娃闭上眼睛，仿佛又听见炎帝呼唤她的声音。于是，她拍着单薄的翅膀，奋力飞向她平日熟悉的森林。森林的树仍像以前一样，在

风中摇摆，可是她再也跟以前不一样了。

女娃越想越恨，大海那么凶暴，不知道还有多少人会跟她一样哪！她决定填平大海，消除大海这个祸害。于是，她停下来，衔起山中的石子，转身又向大海飞去，将石子丢进那浩瀚无边的大海。她发誓，不填平大海，决不回家。

日复一日，年复一年，她始终在西边的森林和东边的大海之间来回飞行，然后把一颗颗小石子投入海中。它黑色的身影，在一望无际的海面上，显得分外渺小。

每当大海向她示威咆哮的时候，她也毫不示弱地发出它的叫声"精卫、精卫"，声音很凄厉，所以后来人们便把这只鸟称为"精卫"。精卫用这样的方式激励自己的斗志，它要以锲而不舍的精神，将东海填平，使海水不再兴风作浪，不再危害人们。

精卫填海在我国远古神话中十分有名，也是最感动人的故事之一。后来，人们同情精卫，钦佩精卫，在东海边上立了个古迹，叫作"精卫誓水处"。这则故事还被记载在我国先秦古籍《山海经》中，在民间广为流传。

精卫填海的故事充满了我们祖先想要征服大海、征服自然的强烈愿望和决心，同时也充满了无尽的伤痛，体现了我们祖先不屈不挠与自然抗争的精神。也正是因为具有这种坚持不懈、无所畏惧的精神，才支撑着我们祖先得以战胜各种困难，度过那艰难万险的年代。

精卫坚韧、顽强的性格深深烙印在每一个中华民族的子孙身上，人们常用"精卫填海"来赞扬那些按既定目标坚持不懈奋斗到底的精神，同时也赞美那些在困难面前无所畏惧并勇往直前的人们。

拓展阅读

传说，精卫填海中的"发鸠山"，是山西长治的发鸠山。发鸠山由3座主峰组成，峰峦叠起，云涛雾海，景色奇特。发鸠山的庙宇大多与精卫鸟有关。传说，精卫填海神话中的"东海"是指浊漳河的发源地，就是发鸠山东麓的"四星池"。

离发鸠山约10余千米的地方有申村水库。当地有人建议将申村水库改为"精卫湖"旅游公园，借十里碧波和水上风光招徕四方游人，同时发扬光大"精卫填海"的精神，让古老的发鸠山再度焕发它的青春。

大羿射九日为民除害

那是在原始社会父系氏族公社时期。有一年，天空中突然出现了几个和月亮大小差不多的物体，看上去又和太阳一样，把大量热量辐射到地球上，造成大地极度干旱，民不聊生。

在当时，生活在东夷地区的夷羿是一个延续了许多年代的部族，这个善射善战的民族在历史的发展中先后涌现出许多英雄，同时创造了许多伟大的功业。

于是，人们就把征服自然的意志和愿望，集中在大羿这个人物身上，通过想象转化成为了具

体的形象和生动的情节，并创造出了一个神话故事。

传说在上古时期，天空出现了10个太阳，他们都是东方天帝的儿子。这10个太阳跟他们的母亲共同住在东海边上，她经常把10个孩子放在东海洗澡，洗完澡后，让他们像小鸟那样栖息在一棵大树上。其中9个太阳栖息在长得较矮的树枝上，另一个太阳则栖息在树梢上。

当黎明需要晨光来临时，栖息在树梢的太阳便坐着两轮车，穿越天空，照射人间，把光和热洒遍世界的每个角落。10个太阳每天一换，轮流当值，秩序井然，天地万物一片和谐。人们日出而作，日落而息，生活得既美满又幸福，人和动物也能和睦相处。那时候，人们感恩于太阳给予他们的一切，经常面向天空磕头作揖，顶礼膜拜。

久而久之，这10个太阳就觉得这样重复实在无聊，他们想要一起周游天空，认为那样肯定很有趣。于是，当黎明来临时，10个太阳一起爬上双轮车，踏上了穿越天空的征程。这样一来，大地上的生灵可就接受不了了。

10个太阳像10个大火团，他们一起放出的热量烤焦了大地，烧死了人和动物，所有的树木庄稼和房子都成了灰烬。那些在大火中幸存苟活的人和动物，发了疯似地四下流窜，到处寻找可以躲避灾难的地方和能救命的水和食物。

然而河流干枯了，大海也面临干涸，鱼类也都死光了，水中的怪物便爬上岸偷窃食物。农作物被烧焦而枯萎，供给人和家畜的食物源断绝了，人们在火海灾难中苦苦挣扎，祈求上苍的恩赐。

这时，出现了一个叫大羿的年轻人，他的箭法超群，百发百中。于是，他被天帝召唤去，领受了驱赶太阳的使命。

大羿看到人们生活在火难之中，十分不忍心，便暗下决心，一定要射掉那多余的9个太阳，拯救这些黎民百姓，帮助他们脱离苦海。

于是，大羿爬过了99座高山，跨越过了99条大河，穿过了99个峡谷，终于来到了东海边。他登上一座大山，山脚下就是茫茫的大海。

大羿拉开了万斤重的弓弩，搭上千斤重的利箭，瞄准天上火辣辣的太阳，"嗖"地一箭射去，第一个太阳被射落了。紧接着，大羿又拉开弓弩，搭上利箭，"嗖"地一声射去，射落了第二个太阳。

就这样，大羿一支接一支地把箭射向太阳，无一虚发，射掉了9个太阳。中了箭的9个太阳一个接一个地被射落了，他们的光和热也随之一点一点地消失，直到最后剩下一个太阳。这个太阳害怕极了，就按照大羿的吩咐，老老实实地为大地万物贡献光和热。

从此，这个太阳每天从东海边上升起，晚上从西边山上落下，温暖着人间，保证万物生存，人们得以安居乐业。但是，大羿却因为射杀了天帝的9个儿子，也就是那9个危害人间的太阳，受到天帝严厉地惩罚。

后来，这个上古时期的神话故事，在民间口口相传，直到西汉时，被淮南王刘安记载在《淮南子》一书中。大羿的功业也流芳千古，成为万民仰视的英雄。

传说，大羿射日的故事发生在江苏射阳，相传射阳一名由大羿射日而来。还有说大羿射日所在地在山西屯留三峻山，山上一直供奉着大羿，当地百姓称大羿为羿神。

"大羿射日"的神话，肯定了人在天地间的积极作用，反映了古代劳动人民希望冲破枷锁，不愿受到奴役重新获得自由的愿望。同时体现了我国古代劳动人民那种朴素的征服自然的精神。

中华民族特有的这种善良、智慧和勇敢的精神，寄托了人们改造自然、追求美好生活的理想。同时，它也是一种创造力，一种打破常规的非常意识，对后世产生了很大的影响。

拓展阅读

我国历史上和神话传说中都有"后羿"这个名字，一个是神话传说人物，是上古的大羿；另一个是历史人物，是夏代的后羿。

据史料记载，历史人物后羿又称"夷羿"，是夏王朝时东夷族有穷氏首领、有穷国国君，他也是一个射术高超的英雄。后羿统一了东夷各部落方国，组成了一个强大的国家。夏王仲康死后，他的儿子相继位。不久，后羿驱逐了相，自己当了夏的国王，是为夏王朝第六任帝王，后被自己的家臣寒浞所杀。

佛教

　　自魏晋南北朝以来，随着宗教在我国发展，佛教赢得了人们的信任和尊奉，佛教神话也通过僧侣们的传播，使佛教经典中的人物如来佛、观世音、文殊、普贤、四大天王、十八罗汉、龙王等形象和故事深入人心，融入了我国神话人物中的行列。

　　随着时代发展，我国原有神话英雄也在佛教兴盛中皈依了佛门，成了佛教神话中人物，逐渐成为我国神话不可割舍的一部分。它与远古神话、道教神话、民间神话共同编织了我国神话的魅力传奇。

观音菩萨慈悲普度众生

传说在我国唐代，有个妙庄严王，王后名叫宝应。夫妇俩生有3位如花似玉的公主，大公主名叫妙颜，二公主叫妙香，三公主叫妙英。

妙英公主年龄最小，但最善良、最聪明，因此也最讨人喜欢。她5岁能诵经，知道尊重佛法、孝顺父母。她彬彬有礼，谦让、温和，善解人意。人们夸奖她疼爱她，尤其是父王，更把她视为掌上是明珠。

大公主、二公主先后出嫁了，妙庄严王决心要为三公主寻找一个最理想的郎君。可是做父亲的没有去问问女儿的意愿，没有去了解女儿的心思，只是用自己的眼光，物色了一位乘龙快婿。他把这个消息告诉妙英，要马上为她办婚事。谁知平时最听话的三公主，这时默默地摇摇头，表示不同意。

父王以为女孩子家害羞，便笑着对她

说："男大当婚，女大当嫁，没有什么不好意思的。我为你找的是一个聪明英俊的小伙子，你们是十分相配的一对，你一定会满意的。"

不料妙英公主说："父王，谢谢您为我操心，但我不想嫁人。"

妙庄严王还是耐心地劝说："结婚是终身大事，不可任性地一口回绝。你要听父王的话。"

可是妙英公主一点不肯让步，她说："父王，孩儿别的都听您的，但结婚之事万难从命。我决心皈依佛门，今生今世不想嫁人！"

妙庄严王既失望，又生气，吹胡子瞪眼睛地说："好吧，那你就去当尼姑吧！"一气之下，就把三公主逐出了宫门。

可怜妙英孤苦伶仃，浪迹天涯，来到一座荒山，结庐拜佛，面壁苦修，终成菩萨。

这尊菩萨由于自己曾受尽人生苦难，所以最能体察世间烦恼。当

人们遇到灾难时，只要念其名号，便前往救度，所以称观世音。

在佛教中，观世音是西方极乐世界教主阿弥陀佛座下的上首菩萨，是慈悲的代表。观世音菩萨在现实娑婆世界救苦救难的品格，使其成为慈悲的化身。

观世音菩萨手执净瓶与杨柳枝，表示菩萨普救世间的广大悲行。三界火宅，众生心中充满热恼。观世音菩萨能体察众生的苦痛，时以瓶中的甘露水遍洒世间，使在热恼中的一切有情皆获清凉。据传说，众生信仰观世音菩萨，即渴求菩萨的甘露水，驱除内心的烦恼。佛教劝诫说，观世音菩萨确有令众生清凉的甘露水，如时时虔诚礼念观音，能得菩萨的悲心救护。

在我国，浙江的普陀山是观音菩萨的道场。传说，一个日本和尚欲带观音像回国，途经南海，遭风暴而无法成行，遂于普陀山建观音道场。后来，普陀山仍有"不肯去观音院"。

据大乘佛教初期经典《妙法莲华经》记载，观音是大慈大悲的菩萨，能现三十三化身，救十二大难。她主张"随类化度"，对一切人救苦救难，不分贵贱贤愚，遇难众生只要念诵她的名号，"菩萨即时观其声音"，前往拯救解脱。

"慈悲、智慧、无畏"是观世音菩萨精神之总和，在大乘所发的菩提心中，就是以"菩提所缘，缘苦众生"为悲心发动，而落实在每一位众生，实行人间的救济、慈悲的伦理，更能时时反闻闻性，誓成无上道。

慈悲是观音菩萨的志愿，慈悲是观音菩萨的德性，慈悲也是观音菩萨的特殊功德。所以，在自然界的灾变与人间社会祸难不可能消除的情况下，观世音菩萨就是人们永远的信仰和希望。

观音菩萨在佛教诸菩萨中，位居各大菩萨之首。"家家有弥陀，户户有观音"，这句古今流传的俗语，就充分说明了我国人们崇敬供奉观世音菩萨的盛况，以及观世音菩萨在我国民间的深远影响。

拓展阅读

唐代以前的观音，以大丈夫相居多，也现女相。但到后来，特别是妙善公主的传说流行以来，汉地的观音形象越来越趋向女性化。佛教所说的慈悲和女性的某种内心特性具有类比性，女性所具有的慈忍柔和，表现为日常行为中即是爱，但是佛教认为：世间的爱是私我的慈悲，是慈悲的局限化；而慈悲是爱的无我扩大。这是观世音菩萨被塑造为女性的重要原因。

观世音菩萨的特殊表德是大慈大悲，观世音菩萨救度一切众生，如慈母爱自己的儿女一样。所以观世音应现女身，扩大无私的大爱，泛爱广大众生成为菩萨的平等慈悲。

地藏菩萨行宏大誓愿

在唐末五代时期，各地分崩离析，人们受尽战争之苦，生离死别成为不可逃避的厄运。于是，人们渴望得到生前护佑、死后超脱的庇护心理非常强烈。

这时，佛教中的地藏菩萨发大愿誓度苦恶众生，度脱亡魂往生天上，而被奉为"幽冥教主"。

同时，地藏菩萨独特的本生事迹与伟大的德行，与我国传统孝道思想、地狱思想等相结合。所以，地藏菩萨受到人们的欢迎，人们对之虔诚信仰。后来，新罗国僧人金乔觉来到九华山修行。他远离市井，隐于山林，自给自足，修苦行的状况，和佛教经典中地藏菩萨的精神相符。而金乔觉的法号为"地藏"，与地藏菩萨同名，更使人们很容易形成金地藏就是地藏菩萨化身的联想。

从此，金乔觉逐渐被人们神化为地藏菩萨，九华山也被认为是地藏菩萨道场，各地前来九华山朝拜的信徒络绎不绝。金乔觉的事迹也被人们当作神话流传开来。

传说，那是在唐玄宗时，有一年的农历七月三十日，新罗国宫中诞生了一位太子。太子刚出生时，宫内到处开满了荷花。大臣们都感到十分惊奇，便对国王说："太子来历不凡，将来一定是一位好君主。"国王十分高兴，便为太子起名叫金乔觉。

金乔觉太子天资聪慧，读书过目不忘。国王也十分喜爱他，于是把他送到大唐来学习。在学习期间，他对佛教产生了浓厚的兴趣，认为"世上儒家六经、道家三清法术之内，只有佛门第一义与我心相合"。于是回国后，毅然抛弃王族生活，削发为僧。

当时，唐代的佛教十分兴盛。为了精进学习佛法，24岁的金乔觉漂洋过海再度来唐，先在江东吴越一带寻山访道10多年，后来在安徽青阳西南的一个山谷中定居下来，终日静坐苦修。

一天，正当金乔觉在静坐时，耳畔忽然传来一个孩子的尖叫声："救命啊！"只见一只斑斓猛虎正在追咬一个小孩子。在这万分危急

的关头，金乔觉把手一挥，一道金光闪出，猛虎立刻返身而逃。

孩子从虎口得救后，拜谢了金乔觉，并急忙跑回家禀报父母。原来，这孩子的父亲是九华山的财主闵让和，是个德高望重的人，人们都尊称他"闵公"。

闵让和听了儿子的话，觉得金乔觉道行不凡。于是，他挑选了一个好日子并准备了礼物，来感谢金乔觉虎口救子的恩德。

这一天，闵公领着家人来到金乔觉修行的地方，叩头谢恩说："师父救我儿子一命，真不知该如何报答才好，今天准备了一些薄礼前来向师父谢恩。"

随后，闵公让人献上了礼品和银元宝、金锭，说："师父生活清苦，若不嫌弃，请收下我闵家这点心意。"

金乔觉看也没看，说："我奉行十善，金锭银元虽人间珍贵之物，但与我佛门弟子早就断了缘分。"

闵公迟疑良久，踌躇地问："那么，我能为师父做些什么呢？"

金乔觉笑着说："我是外国僧人，渡海来到大唐修行求法，只求闵公赐我一块山地以便修行。"

闵公转忧为喜，说："这有何难！这九华山方圆两百里地，山中九十九峰都归我闵家所有，师父你看中什么地方，随便说！"

金乔觉见闵公心意诚恳，就说："我只乞求一袈裟之地。"

闵公好奇地问："一个袈裟，岂不太少了！"

只见金乔觉用手一指："请看！"

闵公抬眼一看，只见远近山岭神光四起，犹如红日霞光万丈，天空中一大块袈裟般的祥云顿时罩住了远近大小的山峰。

闵公对金乔觉更加佩服，立即带领家人叩头拜谢，并指着那块袈裟般的祥云说："这整个九华山都是大师的道场。"当即把整个九华山送给了金乔觉。

不久之后，闵公和他的家人都拜金乔觉为师，虔诚学佛。从此，金乔觉在九华山开辟修行道场，广度有情，功德圆满。

九华山地藏道场形成以后，极大地促进了地藏信仰在我国各地的传播。各类关于地藏信仰的经书和记载大量出现，在民间广为流传。同时也促进了地藏信仰的民俗化。在每年农历七月三十日地藏圣诞

日，要举行大型庙会纪念活动，这些风俗在九华山周围长期延续下来，并通过信众传播了出去。

自从地藏菩萨道场建立后，宋、明、清三代，九华山僧众越来越多，寺院规模愈益扩大，数量迅速增加。同时，历代帝王屡次赐银、赐名、颁藏和敕封，使地藏信仰活动影响越来越大，成为我国佛教重要传播中心之一。

在我国佛教中，地藏与观音、文殊、普贤一起被尊为四大菩萨，他以"众生度尽，方证菩提；地狱不空，誓不成佛"的宏大誓愿与自我牺牲精神而著称，更以"幽冥教主"的身份和神秘的死后世界联系起来，从而得到了普遍的崇敬与膜拜，在人们的信仰生活中扮演着重要的角色，对我国社会产生了深远的影响。

拓展阅读

明代是九华山佛教发展最兴盛的时期，当时香火十分兴旺，号称"东南第一山"。

明王朝开国皇帝朱元璋17岁时曾在家乡的皇觉寺出家当过和尚，所以，这位佛门出来的皇帝登基的第一年，就召集高僧开会，为各大寺庙选派住持，举办法会，为国祈福。对于自己苦战十多年的池州和九华山，朱元璋更是怀有深厚感情，称这里是"兴王之地"，给了许多优惠政策，使池州得以休养生息，九华山佛教更是受到了朝廷多方扶持。明末代皇帝朱由检还给在九华山100多岁高龄的无暇和尚赠款建万年寺，赐封他为"应身菩萨"。

布袋和尚化缘教化民间

在我国西汉末年，佛教沿着丝绸之路从印度传入我国内地，并得到迅速传播与发展。与此同时，弥勒菩萨信仰也伴随着佛教传入中国。

东汉时所译的《道行般若经》、两晋陆续译出的《放光般若经》、《摩诃般若经》、《维摩经》等，都记载有弥勒菩萨信仰的内容。

从佛经中人们了解到弥勒菩萨来到现实世界成佛并救度世人、解脱众苦的思想。在五代时期，便演变出了一个布袋和尚，他强调"即心是佛"，重视心灵和自我净化，说佛和菩萨就在现实人间。这正是佛所强调的佛法在人间、修行不离现实生活的体现。

布袋和尚倡导慈悲济世，救苦救难，利乐众生，并且引

导世人克制贪欲，对人宽容，以"宽却肚皮"、"放开笑口"来消解世间众多的是非、憎爱。布袋和尚的这种态度，对维持家庭和睦及邻里和谐都有积极意义。布袋和尚的思想迎合了当时我国各阶层人士的喜好，赢得了广泛的信众。因此，在民间传颂着许多与布袋和尚有关的充满神秘色彩的传说。

传说，唐代末年一天清晨，村民张重天正在田间劳作，忽然，他听到有一缕飘飘悠悠的仙乐传来。他抬头四处观望，只见附近的河水中漂浮着一朵巨大无比的莲花，而且是逆流徐徐地向上游飘来。

张重天不相信自己的眼睛，他使劲眨了眨眼，发现金莲花突然间不见了，只看到一捆柴草上躺着一个胖胖的男孩。当时他没多想，赶紧就把柴捆拨到跟前，把小男孩抱了起来，那个孩子没哭，反而冲着他发笑。

张重天看那孩子圆头大耳，相貌端庄，便把孩子抱回家中，与妻子窦氏商量，决定把孩子收养下来。后来，他们去长汀村附近的岳林

寺，求闲旷禅师给孩子取了个名字，叫做
"契此"。

小契此天真活泼，俏皮好动，给张重天
夫妇带来了无尽欢乐。更让张重天夫妇高
兴的是，自从领养了契此，多年未曾孕育
的窦氏，竟喜得一女一男。

由于契此从小经常跟随父母到岳
林寺拜佛，他对岳林寺高大的建筑、
恢宏的佛殿、巍峨的佛像、肃穆的佛事
活动，产生了强烈的兴趣。日久天长，
潜移默化，契此也对佛教产生了虔诚的
信仰，并向父母提出了出家为僧的要求。

张重天夫妇本来就十分信佛，对儿子
出家也并不反对。于是，17岁的契此在岳林寺出家为僧，法号"释契
此"。

在岳林寺的修行中，契此的心灵经历了大彻大悟，产生了超越红
尘之后的大智大觉。后来，他开始云游四方，以禅机点化世人。

令人称奇的是，契此和尚无论走到哪里，都带着一个大布袋，当
有人问他的法号时，他就用一首诗偈作答：

>　　我有一布袋，虚空无挂碍；
>　　展开遍十方，入时观自在。

因此，人们便称他为"布袋和尚"。他的相貌很有特征，皱鼻

梁，大肚子，身体矮胖。他的行为也很奇特，天气将要旱时，他便穿高齿木屐，天气将要涝时，他便穿湿草鞋。人们因此得知天气变化。他没有固定住所，随处寝卧，冬天时，他躺在雪中，身上竟然不沾一片雪。

他还经常到市场上乞食，不管荤素好坏，入口便食，还分出少许放入布袋。

更奇特的是，他在哪里乞讨，哪里的生意就会变得格外兴隆。他逢人便笑，言语无常，却很灵验，没有几年，人们便都认识了他。

布袋和尚这只布袋看起来不大，但无论多少东西装进去，永远都没有满的时候，甚至连他在福建募捐来的一批扩建寺院的大木头，都能装入袋中。他还捡拾人丢弃的废物放入袋内，人们有时讥笑他的布袋是垃圾袋，他便笑以偈语："有时备无时，无用变有用。"

有时，有人把死了的鱼也投入布袋和尚的布袋，他也毫不生气，仍然笑嘻嘻地收下，背到河边，倒入水中。这时，鱼儿竟然活着摇头摆尾，游入水中。

有人把馊了的饭菜倒入他的布袋，过了一会，取出来却新鲜无比，美味可口。布袋和尚自己吃不完，便招来小孩子们，让他们尽情地吃。看着小孩子们吃得津津有味，布袋和尚则坐在一边，开怀大笑。所以，许多孩子都喜欢跟他一起玩耍。

有个无赖，惯于挑衅闹事，以为布袋和尚老实可欺，便夺下他的布袋点火烧掉。奇怪的是，第二天，布袋和尚依然背着那只布袋，来去如故。无赖以为这只布袋一定是重新做起来的，又夺过来把它烧了。如此一而再、再而三，布袋和尚都大度地容忍了，可是当无赖第四次去夺布袋时，使尽吃奶力气也提不动空布袋了。直到这时，无赖才知道布袋和尚不是凡人，就拜倒在他脚下，恳求饶恕。

布袋和尚点化他说："善有善报，恶有恶报，不是不报，时机未到，时间一到，一切都报。"从此，这个无赖改邪归正，再也不敢为非作歹了。

后来，过了很多年，布袋和尚契此端坐在岳林寺的一块石头上，口中念了一个偈语：

　　　　　　弥勒真弥勒，分身千百亿。

　　　　　　时时示世人，世人皆不识。

　　说完微微一笑，安详而逝。布袋和尚圆寂后轰动了佛教界，人们才忽然明白他就是弥勒佛的化身。

　　北宋时，宋哲宗皇帝赐号布袋和尚为"定应大师"，1104年，岳林寺住持于寺内建阁，供奉以布袋和尚为原型的弥勒菩萨塑像，宋徽宗赐阁名为"崇宁"，从此天下寺院开始供奉布袋和尚。

　　布袋和尚寓神奇于平淡，示美好于丑拙，显庄严于诙谐，现慈悲于揶揄，体现了中华民族宽容、和善、智慧、大度、乐观的品格，也蕴含了人们对美好未来的期待。因此，布袋和尚不仅在国内受到人们的崇敬，在国外也广受崇拜。

拓展阅读

　　弥勒菩萨又叫慈氏菩萨，在大乘佛教中，又常被称为阿逸多菩萨，是继释迦牟尼之后出世的未来佛，常被尊称为当来下生弥勒尊佛。被唯识学派奉为鼻祖，其庞大思想体系由无著、世亲菩萨阐释弘扬，深受我国佛教大师道安和玄奘的推崇。

　　据佛经记载，弥勒生于南天竺婆罗门家，与释迦牟尼佛是同时代人。弥勒佛出世时，土地平整，七宝充满，花香浓郁，果味甘美，国土丰乐，人民善良长寿。

道教

　　道教又称道家、黄老、老氏与玄门等，是我国的固有宗教。道教是继承华夏民族古代原始宗教之血脉，从敬天祭祖到殷商时代天神崇拜，春秋战国的黄老道家，秦汉时期神仙方术及民间信仰和东汉"五斗米道"，"太平道"一路走来的。道教是促进科技发展、珍爱生命及尊重女性的宗教。

　　道教广泛吸收民间崇拜中的各神和奇异人士进入道教仙谱中，并逐渐把他们神仙化，把他们传说事迹加上想象，改造成了神话故事，在我国文化中具有深刻影响。

老子出关中紫气东来

在春秋战国时期，"黄老之术"还是诸子中的一个学派。到了汉代刚刚建立时，由于社会经济遭到严重的破坏，为了巩固刚刚建立的西汉政权，汉高祖刘邦接受大臣的建议，采纳黄帝和老子倡导的清静

无为思想，实行"与民休息"及"轻徭薄赋"、"约法省刑"等政策，使汉初经济得以复苏与发展。

汉高祖之后的几代皇帝，同样继续将"黄老之术"作为治国方针，并取得了显著的社会成效。到汉武帝"罢黜百家，独尊儒术"时，黄老思想渐衰。

随后，道家思想流入民间，至东汉末年，出现了道教。道教把老子神化，老子被尊为神仙，称为"太上老君"。随着道教的传播，关于春秋时期的老子

的事迹也被改编成神话故事，在民间流传开来。

传说，在春秋时期，楚国苦县城东10里有个叫曲仁里的村庄，村前有条小河，河边住着一户姓李的人家。

这一天，李家姑娘到河边洗衣服，当她正在石头上搓衣服时，忽然看见一个鲜红的李子漂了过来。她便放下衣服，伸手把李子捞起来，用手掰开，几口就吃完了。

从此，李姑娘有了身孕，怀了81年的胎，生下一个男孩。这男孩一生下就白眉白发，白白的大络腮胡子。因此，李姑娘给他取名字叫"老子"。

老子生下来就会说话，指着院子中的一棵李子树，说："李就是我的姓。"他自幼聪慧好学，并向精通殷商礼乐的商容老先生学习。后来，老子又拜见周王朝的博士，因此进入当时国家办的学校太学，学习天文、地理、历史等，各种典籍无所不览，几年过后，他终于成为精通天文地理学识渊博的学者。

　　学习结束后，经老师推荐，老子到周王朝的图书资料室工作。然而，随着周王朝渐渐的衰弱，于是老子辞官过上了隐居的生活。

　　后来，老子骑一青牛，西游秦国。这一天，在他要出函谷关的时候，守关的官员尹喜在城楼上看见东方紫云聚集一团，形如飞龙，由东向西而来，由此他知道一定是有圣人要来函谷关了，于是，尹喜便下城楼亲自迎接。

　　不一会儿，果真看到仙风道骨的老子，骑着一头青牛踏着清风徐徐向关口而来。尹喜知道老子定有才学。听说他要远行，便坚持要把老子留下来，非要他写下他所悟到的真理，才肯让他出关。

　　于是老子便把他所感悟的智慧一个字一个字地写在了简牍上，取名为《道德经》，上篇叫《道经》，下篇叫《德经》。

　　尹喜读到这样美妙的著作，深深地被陶醉了。他对老子说："读了您的著作，我再也不想当这个边境官了，我想跟您一起走。"老子表示同意。然后，尹喜跟着老子一直向西行而去。此后，就再也没有他们的踪迹了。

到了东汉末年，张道陵创立道教，把老子尊为祖师爷，并称他为太上老君，奉《道德经》为主要经典。从此以后，太上老君成为道教最高神之一。

东汉汉桓帝刘志派中常侍管霸在老子出生地曲仁里建了老子庙。到了唐代，唐高祖李渊为了抬高家族地位，就听取了大臣的建议，认老子为祖宗，派人在老子庙的基础上进行扩建，后来，又下诏改老子庙为太清宫。

唐高宗、唐玄宗又先后为老子加封尊号，推为宗室远祖，并在太清宫专奉老子，仪规同于朝廷，于是太上老君最终确定为太清境洞神教主，即道德天尊。此后，宋、金、元、明、清等历朝皇帝都亲谒或派大臣拜谒太清宫。

老子故里曲仁里也因老子之名，先后更名为真源、卫真、鹿邑，

苦县境内还有许多与老子息息相关的珍贵文物。在苦县，老子的各种故事也一直被人们津津乐道地传说着、演绎着。苦县还是李姓的发源地，成为全球李姓华人寻根问祖的胜地。

老子出关中的"紫气东来"也成了我国文化中的一个基因，人们把"紫气"当作祥瑞的象征，还把"紫气东来"这些字写在大门上。人们还认为，哪个地方有宝物，哪个地方就会在上空出现紫气。

另外，老子的骑坐"青牛"也成了道教文化中的一个著名的意象，以至于成为了神仙道士的坐骑。

最重要的是老子的思想，他所著的《道德经》是一座充满了智慧的宝库。老子的哲学思想和由他创立的道家学派，不但对我国古代思想文化的发展做出了重要贡献，深刻影响着人们的价值观和思维方式，而且在世界范围都产生了深远的影响。

拓展阅读

传说在唐代时，人们烧制陶器用去了大量木材，因此，大片的山林被砍伐。山上没有树木，大雨一来，山洪暴发，山下田园被冲毁，人们的生命财产就毁于一旦。

太上老君看到这种情况，就托梦给地方长官说，当地附近有一种太阳石，也叫乌金宝石，用它可以烧陶，比木材好。长官醒来后，按照老君的指点，带领陶工到山沟里找到了乌金宝石，并拿回窑上试烧，果然炉火熊熊，热度比柴火还高，而且没有烟熏，烧出的陶瓷色泽光亮。这就是后来的煤的由来。

八仙渡海各显广大神通

那是在汉末魏晋时期，人们为了追求长生不老创造出一组仙人，叫"八仙"。到了唐代，已经有"八仙图"、"八仙传"等，到了宋代，八仙故事还在不断完善。这些八仙人物有多种说法，有汉代八仙、唐代八仙、宋代八仙等，所列神仙也各不相同。

到了元代，关于八仙的神话故事流传更多，这时全真道教兴起，为回应民间信仰及传说，宣扬他们的教法，全真教便把民间传说中的钟离权、吕洞宾等人推为道教的祖师。而元曲艺术家们也参与演绎，使八仙故事流传更加广远，内容更加丰富。

　　到了明代，小说家吴元泰的《八仙出处东游记》和戏曲作家汤显祖的《邯郸梦》问世后，铁拐李、汉钟离、张国老、何仙姑、吕洞宾、蓝采何、韩湘子、曹国舅这8位神仙才被正式确定下来。

　　在这8位神仙中，有风流倜傥的书生，有相貌丑陋心地善良的乞丐，有皇亲国戚。他们分别代表了当时社会的各个阶层和广大劳苦大众的美好愿望，是劳苦大众忠实的守护神。所以在当时，民间广泛地流传的就是这8位仙人各显神通踏波过海的故事。

　　传说，有一次，在蓬莱仙岛牡丹盛开时，白云仙长邀请八仙前来观赏。在回来路上，吕洞宾建议不搭船，各自想办法过海，于是，八仙都各显神通过海。

　　铁拐李兴致勃勃地说："好啊！大家先看我的！"说着便把拐杖投向海中，拐杖像一条小船漂浮在水面，铁拐李轻轻一跃，就立在拐杖上。

　　接着，汉钟离也把他的芭蕉扇丢到海上，跳下去站在上面；何仙

姑将荷花往水中一抛，顿时红光万道，仙姑伫立荷花之上，随波漂游；随后，吕洞宾以箫管、张果老以纸驴、曹国舅以玉板、韩湘子以花篮、蓝采和以大拍板，他们纷纷将各自宝物抛入水中，借助宝物大显神通，遨游东海。

八仙安稳地顺着汹涌的波浪漂去，这与腾云驾雾感觉大不相同，别有一番情调。这时，曹国舅突然用手指向右边，并高声喊道："大家看啊！那里有座海市蜃楼！"

大家转头一看，只见一座仙山渐渐地从海里升起，山上有树木，有楼房，一会儿就升到半空中，慢慢地变成天边的浮云，一转眼，那浮云又被风吹散了。

韩湘子说："我们真是有眼福！蜃气是海里蛟龙呼出来的气体，百年难得一见啊！"

就在这时，蓝采和从他们当中消失了。大家远近观望，一边找一边喊，可就是不见蓝采和的踪迹。

张果老猜想说："可能是东海龙王作怪，他不欢迎我们在他的海上大显神通，把蓝采和抓到龙宫去了。走，我们一起到龙宫要人去！"

大家一起来到龙宫，请求龙王放人。龙王不但不肯放人，还派自己的几个儿子带领虾兵蟹将追杀八仙。八仙只得用随身的法宝当武器，抵抗虾兵蟹将，展开了一场激烈的战斗。

东海龙王还请南海、西海、北海龙王都来帮忙。龙王的不依不饶，把八仙也给惹火了。铁拐李用酒葫芦把海水吸光，其余几位仙人将泰山搬了过来，往东海一扔，东海立刻变成了一座高山。

双方打得天昏地暗，把太上老君和观世音菩萨也惊动了，他们全都赶来调解。最后，东海龙王放了蓝采和，泰山则由观世音菩萨搬回原处。

在八仙中，资历最深的是铁拐李。据说，铁拐李是唐代一位道士，元代时，他的故事就出现在戏剧里，剧目叫《吕洞宾度铁拐李》。传说他在世时精通药理，普救众生，深受百姓拥戴，被封"药王"。

钟离权的名气仅次于铁拐李，传说他原来是东汉的一名大将。元代时，全真道教奉他为"正阳祖师"，尊为北五祖之一。元世祖忽必烈封其为"正阳开悟传道真君"，元武宗加封为"正阳开悟传道重教帝君"。有关钟离权的神话很多，在明末清初徐道的《历代神仙通鉴》、明朝王世贞编的《列仙全传》等书中都有记载。

张果老是八仙中年龄最大的，传说他是唐代人，他的神话传说在北宋欧阳修等人编著的《新唐书》、明代小说家吴元泰的《八仙出处东游记》、明代文学家凌濛初的《初刻拍案惊奇》等书中都能找到。

何仙姑是八仙中唯一的女性，传说她是唐代的一位女道士。在以八仙为题材的古典文学、戏曲、绘画、雕塑作品中，何仙姑常常是一

个手持荷花、神采俊雅、飘逸脱俗的妙龄女郎的形象。据明代浙闽总督郝玉麟等监修的《福建通志》、清代张楷修的《安庆府志》等地方志记载，在安徽桐城、祁门，福建武平、浙江昌化等地，都有本地何仙姑的遗迹和传闻。

蓝采和也是唐代人。传说，蓝采和的人物原型本是一位江湖流浪汉，由于他行为癫狂，又好周济穷人，后来被钟离权度化成仙。蓝采和的故事在唐代溧水县令沈汾的《续仙传》、南唐国历史的纪传体史书《南唐书》等都有记载。

吕洞宾在八仙中是最为出名的一位，他原本是唐代文人。到了元代，吕洞宾被全真教奉为北方五祖之一，称为吕祖或纯阳祖师。在元代和明代的杂剧中，以吕洞宾为题材的也有很多，如《吕洞宾三醉岳阳楼》、《吕洞宾二度城南柳》、《吕洞宾花月神仙会》、《吕洞宾桃柳升仙梦》、《吕纯阳点化度黄龙》等。

　　韩湘子是道教八仙中比较年轻的一位神仙，据说他是唐代著名文学家韩愈的侄子。韩湘的故事最早见于唐代段成式的笔记小说集《酉阳杂俎》卷19中。北宋时期，韩湘的故事得以完善。大约在金、元代之间，韩湘被人们列入八仙，尊称他为"韩湘子"。

　　对韩湘子的祭祀崇拜也因此而起，在许多地方都建有湘子庙。据说，西安南门里的湘子庙是韩湘子出家之地，因此，历代以此为湘子文化的发源地。

　　曹国舅是宋代的一位皇亲国戚，曹国舅在宋代就已经被内丹道收编成为吕洞宾的弟子，并在宋金元时期以固定的形象出现在八仙当中。

　　八仙作为吉神，在老百姓的日常生活中也是无处不在的。在各类建筑物、家具、瓷器、铜器上，都常用八仙的形象来装饰。人们还把方桌称为"八仙桌"。有的地方，家家堂屋迎门都放一张八仙桌，两边再放几个太师椅，有客来，宾主分坐两边，说话、喝茶，很有仙人

聚会的感觉。

八仙在民间影响非常深远，许多地方都建有八仙宫。据说农历四月十四是吕洞宾的生日。这天，苏州百姓要"轧神仙"。庙内香火鼎盛，人群摩肩接踵，说这样可以无意中碰到神仙，沾到仙气，添福增寿，并能帮助人们做到任何想做的事。

在山西定襄民间，正月初八还要"敬八仙"。当天，百姓准备佳肴、果品祭八仙，祈求消灾降福。

八仙和我国古代的神仙一样，绝大部分都是真实的历史人物，因为他们帮助老百姓惩恶助善，因此便对他们尊敬而且崇拜，逐渐把他们神仙化。而且由于八仙均为凡人得道，所以个性与百姓较为接近。八仙所宣扬的恬淡清净、仁义为先、济世度人思想，也恰好反映了老百姓对美好事物的向往。

拓展阅读

传说，在北宋建隆年间，凡军人犯了法，都发配到东海边的沙门岛上。后来，岛上犯人越来越多，但是朝廷每年只拨给300人的口粮，所以粮食越来越不够吃。为了活命，犯人们经常跳海逃命，但绝大部分都被海浪吞没。

有一次，有几十名囚犯趁着月光，避开看守，抱着葫芦、木头等轻的物体跳入海中，往几十里外的蓬莱山方向游去。途中多数犯人被淹死了，只剩下七男一女游到了岸边。第二天，渔民得知他们从沙门岛游水越海而来，非常惊奇，便把他们称为"神人"，从此，他们渡海逃狱的事越传越神，最后演变成"八仙过海"的故事。

善良麻姑种仙桃献寿

在春秋以前，神仙之说在我国就非常流行了。在我国先秦古书《山海经》中就已经出现有不死国、不死民、不死山上取食的不死树，以及提炼不死药物的人物"巫祝"的描述。

在道家的经典之作《庄子》一书中则提到了在藐姑射的山上，居住有吸风饮露，乘云御龙的神人，不食五谷，但却长生不死。

到了战国时期，长生不死的信仰在社会上广泛流传，并且还出现了一批专为求仙为职事的方士，史称"方仙道"，他们的思想是一个独特的体系，在当时的"百家争鸣"中

被称为神仙家。

秦始皇统一全国后，一直热衷于寻找神仙和长生不老药，多次派人出海求仙，他还三番五次地亲自出巡，最后死在访求不死药的路上。在秦始皇的影响下，神仙学成为全国最热门的专业。

到了汉代，汉武帝也非常渴望得到不死之药和方士的修炼方法。他曾经邀请专以求仙为务的方仙道士们频频出入宫廷。当时的淮南王刘安则招纳宾客方术之士数千人，专门从事神仙方术的研究。由于方士们的频繁活动和上层人物对求仙的狂热，因而扩大了神仙之说在社会上的影响。

由于当时神仙信仰的盛行，一些女子也开始求仙学道，其中有一位非常有名的女仙叫麻姑。传说她修炼得道升天，因此被道教奉为元君、女真，她的事迹也被道教信徒门改编成神话故事，广泛流传在民间。

传说，在东汉时，有个叫麻秋的官吏，夜里做了个梦，梦见自己从江水中垂钓上来一朵含苞欲放的荷花。早上醒来，妻子生下了一女孩，麻秋便给她取名叫麻姑。

麻姑天生长得美丽可爱，三天后便能说话，一个多月后便能跟父母学读诗文，到了七八岁的时候，一把米从她手里抛撒到地上，便成了无数色彩绚丽的宝珠。

麻姑不仅聪明美丽，而且心地善良，常常帮助穷苦的人。但是，麻姑的父亲麻秋却是性情暴虐，经常欺压老百姓的人。

虽然麻姑的父亲名声不好，但是作为女儿的麻姑仍然很孝顺他。有一次，麻姑到山里去采果子，好不容易才摘得了一个又大又红的桃子，她自己舍不得吃，把桃子揣在怀里，拿回家给父亲吃。

麻姑拿着桃子匆匆往家里赶，忽然看到路边围着一群人，就好奇地走过去看个究竟。只见一位衣衫破旧的老婆婆病倒在路旁，已经奄奄一息了，麻姑赶紧从怀里拿出那个桃子来，一点一点地喂老婆婆。

老婆婆吃了桃子后，很快就苏醒了过来，她对麻姑说："好孩子，太谢谢你了，你还能不能再给我点吃的？"

那时正值灾荒，人们都只有不多的粮食，还有很多的人都因没有吃的东西而饿死了，所以粮食极为珍贵。但是，麻姑不忍老婆婆饿死，就爽快地答应说："我这就给你去煮点东西来，您在这里等我一会儿。"说完麻姑就飞快地跑回家给老婆婆做粥去了。

麻姑帮助老婆婆的事被她父亲麻秋知道了，他非常生气，于是，把麻姑关了起来，不准她出去。

麻姑怎么也放心不下路边的老婆婆。等到半夜，她趁着父亲睡着的时候，悄悄地端着粥出了门，来到老婆婆躺着的地方时，但却再也没有看到老婆婆。月光下，只有一个桃核留在那里。

找不到老婆婆，麻姑只好捡起地上的桃核走回家。到家躺在床上，麻姑一合眼就看见白天的那个老婆婆，而且笑呵呵地朝她走了过来："好孩子，委屈你了。你不用难过，我很好。以后我们也还有机会见面的。"说完，就飘然而去。

第二天早上，麻姑起床后，就把那颗桃核种在院子里。一个月之后，就长成了一棵又高又大的桃树。第二年正月，桃树上就结满了又大又红的桃子。麻姑用这些桃子来救济逃难的老人。

奇怪的是，这些老人吃了麻姑的桃子之后，不仅不觉得饿了，而且精神倍增，连以前的小毛病也没有了。麻姑这才明白那个老婆婆是天上的神仙下凡。

后来，麻姑的父亲麻秋因为打仗立了大功，皇帝封了他一个大官，并且要他负责建设新的皇宫。

麻秋为了早日修好皇宫，好到皇帝那里去邀功受赏，就命令老百姓们没日没夜地拼命干活。他还规定，只有当鸡叫的时候，老百姓才能停歇一会儿。

麻姑非常同情这些老百

姓，于是到晚上的时候，她就躲在鸡窝边学鸡叫。这样，只要麻姑一叫，所有的鸡就会跟着叫起来，这样老百姓就有了休息的时间。

这件事很快就被麻秋发现了，他十分的恼怒，便想要狠狠地痛打女儿一顿。麻姑听到这个消息，就离开家往山上逃去了。

麻秋怒上加怒，率兵随后追赶，追到一个深谷边。就在麻姑走投无路，正想投谷之时，天上的神仙王母娘娘正好路过这里，她就是麻姑曾经救过的那个老婆婆。王母娘娘见她要受到灾难，立刻在祥云中拔下玉簪扔下去，玉簪化作一道玉桥，让麻姑过了深谷。

后来，麻姑又在王母娘娘的指点下，乘清风白云走了九天九夜，来到海上一座仙山。这里云缭雾绕，松青柏翠；坡上桃林，果大味美；谷底泉水，穿过坚石巨岩，潺潺声似箫音笙韵。于是，麻姑在此仙山净土处潜心修炼，并精心培育仙果。

几年后，麻姑修炼成仙。到了三月三日王母娘娘的诞辰之日，天间举行蟠桃大会，各路神仙都来祝寿。百花、牡丹、芍药、海棠4位花仙前来邀请麻姑一同参加，麻姑欣然同往。4位花仙子送上各自的仙花为王母娘娘祝寿，麻姑则带了自己种的仙桃为王母娘娘祝寿。

祝寿的各路神仙都夸麻姑心灵手巧，说王母娘娘有口福，麻姑因此被王母娘娘封为"女寿仙"。从此，麻姑在民间成为健康长寿的象征。

从魏晋以来，道教就开始不断地把适合修炼的名山洞府以麻姑来命名，在江西、安徽、山东、四川、湖南等地都有麻姑的遗迹。江西南城麻姑山和安徽宣城麻姑山，都因相传麻姑在山中修道而得名，两地都存有仙坛、丹灶等遗迹。

尤其是在江西南城的麻姑山，早在魏晋南北朝时期，道教典籍中就载录有麻姑事迹，东晋道教学者葛洪的《神仙传》、《抱朴子》等史料均有关于麻姑的记载。

后来，道教为麻姑建坛立庙，崇奉有加。自唐代以来，道教中的麻姑信仰及与此相关的祈禳斋醮活动在麻姑山延续千年，经久不衰。

据说，唐代大书法家颜真卿还写了《有唐抚州南城县麻姑山仙坛记》，不仅记载麻姑事迹与麻姑仙坛的建设经过，而且着重描绘了当地道教祀典盛况。

民间的麻姑信仰风俗也是广泛流播，在河北冀东一带，有"七月十五请麻姑"的风俗，被称为"麻姑节"。

还有"掷米成丹"、"沧

海桑田"等传说，更是在民间口耳相传。而"麻姑献寿"也成为民俗画中的重要内容。麻姑形象或腾云，伴以飞鹤，或骑鹿，伴以青松，也有直身托盘作献物状，手中或盘中，一般有仙桃或佛手等物。过去给女性长辈祝寿，常送《麻姑献寿图》。

千百年来，与麻姑有关的神奇而美丽的传说故事，在人们当中广泛流传，并形成了麻姑信仰、麻姑文化，对人们的社会生活、文艺、宗教、民俗诸方面都产生了深刻的影响，成为中华传统文化中一道亮丽的风景。

拓展阅读

相传，在东汉桓帝时，有一年的七月七日中午，江苏吴县一个名叫蔡经的家里正在迎接神仙王远的降临。只听天上响起了一阵仙乐，王远头戴华冠，身穿红衣，腰里系着五彩色带，乘坐羽车从天而下。王远见过蔡经后，又派遣使者请仙女麻姑也来赴宴。不久，随着一阵仙乐，一个光彩夺目的美丽的姑娘下凡了。

麻姑和王远等寒暄过后，说道："自从上次和你见面以后，我亲眼见到东海三次变为桑田；不久前，我又去了一趟蓬莱，这里的水，比以前召开群仙大会时少了一半，我想，不久也会变成陆地吧！"王远也很感叹。宴会完毕后，王远和麻姑随着仙乐升上了天庭。

钟馗捉鬼驱除世间妖邪

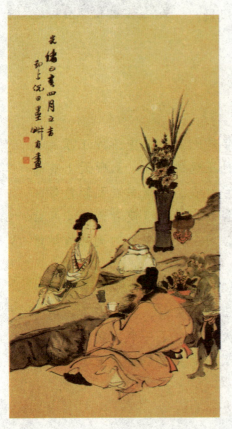

在远古时期，我们的祖先因为对一些自然现象和社会现象无法理解，所以他们一直认为人的身体里有一个神秘的东西，而且它掌控着人们的思维和感觉。人们把这个神秘存在称作"灵魂"。

当时的人们认为，人死后灵魂并没有消失，而是变成人所不能感受到的状态，进入到另外一个境界。这种人死后的灵魂叫"鬼魂"。这种观念产生后，便形成一股强大的力量，渗透入人们思维深处。

在原始社会初期出现的图腾崇拜中，就融入了鬼图腾崇拜，在甲骨文里就已经有"鬼"字并有所解释。甲骨文的"鬼"字，下面是个"人"字，上面像一个可怕的脑袋，好像人头上戴着一个很大的恐怖面具，是人们想象中的似人非人的怪物。

当时，人们因为害怕一些恶鬼的骚扰，就举行一种叫傩的仪式来驱鬼，同时出现了专门驱鬼的人巫师。

传说，在殷商时期，出现了一位叫终葵氏的著名巫师。终葵带着钢头银额的面具，身披豹皮，用朱砂染遍全身，手拿大棒，带领许多怪兽，四处捉取流浪江湖的孤魂野鬼。后来，人们便把"终葵"当作辟邪的意思。到了唐代，"终葵"逐步演变成了一个神话故事。

传说，在唐代"开元盛世"时期，终南山下住着一个姓钟的秀才。钟秀才虽然勤学苦读，可是他到50多岁还没有考中举人。

有一天，钟秀才的妻子梦见天上的魁星下凡，后来就生下一个儿子。钟秀才很是疼爱儿子，并给儿子取名叫钟馗，希望儿子以后能独占魁首，考中状元，以实现自己没有实现的理想。

钟馗出生几年后，父母就相继去世了，只留下他和妹妹相依为命，过着非常穷苦的日子。但是钟馗的志气却没有因为贫困而丧失，他从小就立志要完成父亲的遗志，金榜题名，光宗耀祖，干一番大事业。

由于钟馗刻苦攻读，学得满腹经纶，最后轻而易举地取得秀才和举人的功名。可是，钟馗家贫如洗，没钱能供他进京参加殿试。

眼看考期就要到了，钟馗四处讨借求援，这时正好有一个好心人叫杜平，他慷慨救助给了钟馗20两银子。钟馗非常感激杜平，拿了盘缠就立即出发赶考，他决心不考取进士就不回家。

由于赶路太急，加上天气炎热，钟馗在半路上中了暑。但是，他不敢耽误考期，辜负杜平和妹妹对自己的期望，所以，他仍然忍着病痛，跌跌撞撞地继续往前赶路。

在一个月黑风高的夜晚，钟馗看到一个破庙，于是就进去里面过夜。他在熟睡时被一群野鬼碰上，野鬼看到他气宇不凡，文才武略，非常嫉恨，就围着钟馗一顿乱打，把钟馗好打一顿。但是钟馗却丝毫没有觉察，只感到浑身剧烈地疼痛，但是他还硬是撑着来到了京城参加殿试。

钟馗毕竟是天上的天魁星下凡，文章写得极好，最终名列榜首，中了状元。但是，等到皇帝殿试完召见状元时，看到钟馗面目丑陋，狰狞难看，就不肯点他为状元。虽然大臣们努力向皇上进谏，极力为他争取，钟馗也向皇帝讲述了途中的奇遇，但皇帝金口已开，决不肯更改。

钟馗是个性格刚烈的人，他看到皇上因为自己面目难看而不肯点为状元，气得连声大叫：

"屈死我了！屈死我了！"说完就拼命往旁边的一口大铜鼎一头撞去，一下就丧了性命。

皇上看到这样惨烈的场面，心中懊悔不已，于是下令厚葬钟馗。

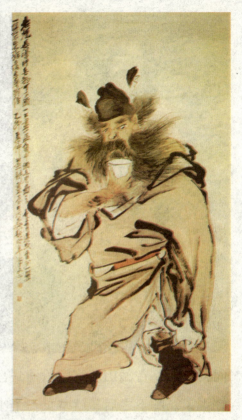

钟馗的冤魂带着满腔的怨气，飘飘悠悠地来到了阴曹地府。他一进阎王的森罗殿，就指着阎王的鼻子破口大骂："你是阴间的皇帝，本应公正无私，为什么纵使恶鬼来毁我容貌，害我丢了功名，让我没有脸面见我那可怜的妹妹和救助我的杜平。人间的皇上不讲情面，怎么你也这样昏庸！"

阎王还不知道是怎么一回事，只见钟馗不容分说，在森罗殿上随手操起一根金光闪闪的狼牙大棒，乱舞起来，到处追打大鬼小鬼。连阎王也被他吓得急急退朝，躲藏了起来。

后来，钟馗看到殿上有一座大钟，冲过去就轰隆隆地敲打起来。这钟本是通天钟，一敲便惊动了天上的玉帝。

玉帝赶忙问身边的特使太白金星。太白金星向下一看，对玉帝说："这是有人在阎王殿闹事，这人本是天上的天魁星，现在在地府里叫冤。"随之把钟馗的事从头到尾说了一遍。

玉帝马上将阎王找来，吩咐说："这钟馗本是天上的天魁星下凡，因在人间遭受了很多冤屈，才闹到这步田地，也是情有可原的。

你回去之后，照我的意思，封他为驱鬼将军，专管人间的大小妖魔，这里有一把青锋宝剑，你就代为转交给他吧！"

阎王领了玉帝的旨意，急忙回到地府。把钟馗叫到跟前，传达了玉帝的旨意，并把宝剑交给了他，自己还送给他一个化鬼的葫芦，作为他的随身宝物。就这样，钟馗便成了人间的专管驱鬼和捉鬼的神。

后来，在唐明皇时的天元年间，唐明皇在骊山巡察完后回到宫中，一直闷闷不乐，一会儿就昏昏睡去了。睡下之后，就梦见一个小鬼，一只脚光着，另一只脚穿着草鞋，腰上又还吊着一只鞋，同时还别着一把破扇子。他看到这个鬼走到龙床边偷走了贵妃的香袋和自己的玉笛，于是大声斥骂小鬼。

小鬼却笑嘻嘻地说："我是叫虚耗的小鬼，虚就是说偷人家的财物来取乐，耗就是要使人减喜添忧，把人的好事变成坏事。"

唐明皇见它说话这么无理，怒不可遏，正想叫武士前来捉拿这个小鬼。忽然，看见一个巨大的鬼，手里拿着一把宝剑，腰间挂着一个葫芦，脚蹬着黑靴，他不费吹灰之力，一把就抓住小鬼折成两段，并把小鬼塞进了腰间的一个葫芦里。

唐明皇见了大惊失色，问他是什么人。那大鬼恭敬地说："我就是钟馗，现已被封为人间的驱鬼神，因感激皇上的厚葬之恩，特来报答皇上的。"唐明皇听了，感到很羞愧，就加封了钟馗的官职。

唐明皇醒来的时候，他的心情就转好了，并兴致极高地召画家吴道子上殿，要吴道子依照他的梦境把钟馗的像画出来。

吴道子是当时有名的大画家，他按皇帝所描述，画了一幅钟馗像。唐明皇一看特别惊讶，对吴道子说："你和我同梦？为什么你画的和我梦见的一模一样？"

唐明皇看着画像，赞不绝口，并赏给他黄金一百两。唐明皇还立即下旨诰谕天下，每到除夕之夜，家家必须供奉钟馗的画像。

从此以后，钟馗声名大噪，成为了家喻户晓的驱鬼神。到了清代乾隆年间，有一年春天发生瘟疫，在无可奈何的情况下，人们想到把钟馗请出来施威捉鬼。从此以后，在端午节画钟馗，或赠人或自挂成为风俗，绵延至今，经久不衰。

据说，钟馗的故事最早见于北宋科学家沈括所著《梦溪笔谈》的《补笔谈》。自宋元以来，钟馗形象进一步演变，出现了戏剧《庆丰年五鬼闹钟馗》、《钟馗嫁妹》等。明清时期，文人们还依据钟馗形象改编了许多关于钟馗的小说，使得钟馗形象更趋于人性化了。

人们运用他的形象制作成各种艺术品，放置在住宅里或

大门口,希望驱逐邪恶,获得平安。钟馗像贴于门户是镇鬼魃邪的门神,悬在中堂是禳灾祛魅的灵符,出现于傩仪中是统鬼斩妖的猛将,由此派生出形形色色、千姿百态的钟馗戏、钟馗像。

人们通过对钟馗形象的塑造,增加自己战胜恶势力的勇气,也寄托了人们追求安定和平生活的美好愿望。钟馗是我国民俗信仰中最为人们熟悉的角色,千百年来人们一直很敬重他,并成为中华文化的重要组成部分而源远流长。

拓展阅读

在民间,有人把钟馗作为门神,是出自于一个钟馗吃鬼的故事。

钟馗在赴京考试结束后,回家搭船时遇到一位旅客。在闲谈中,钟馗注意到那位旅客的怀里有个小瓶子,他好奇地问瓶里装的是什么东西。旅客告他说,瓶子里装的是瘟神,因为这附近的百姓作恶,应遭责罚,他是奉上天的旨意来这个地方散灾的。还说,只要用一滴瘟水滴入水中,这个地方的百姓就都会染上不治之症而死亡。

钟馗天性仁慈,听了这人的话后,起了恻隐之心,在那人不注意的时候,把那个瓶子夺到手里,一口就把它吃了下去。钟馗吃了瘟神后,顿时七窍孔流血死亡。钟馗死后成了捉鬼的鬼王,于是,钟馗便被人们当成门神来侍奉了。

民间神话

在我国民间，老百姓相信世上有神存在，而且坚信神仙离人们并不遥远。进门，有门神；吃饭，有灶神；走路，有路神；住宅，有宅神。想发财，便拜文武财神；想及第，便拜文曲魁星等。这些都是百姓心灵的慰藉、精神的寄托和美好的向往。

人们信仰神仙除了满足祈求吉祥的心理，神仙还成为了人们心中榜样和模范。人们认为通过多做利人利己的好事，就能达到像神仙一样的境界，拥有神仙的体魄与灵魂，从而实现得道成仙的目的。

玉皇大帝统御十方三界

在很久以前的上古时期，人们认为天是宇宙万物的主宰，也是万物生长发育的本源，所以不可不敬天畏命，顺天行道。因此认为自然界中有一位最高的神明在支配万物。

当时的人们还认为，是"天"命令君王来人间执政治民的，因此君王必须顺应天意，这样才能风调雨顺，国泰民安；假如君王违反了天道，天就会降下各种不祥之兆与灾害惩罚。

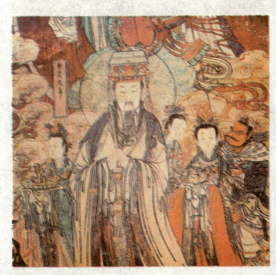

君王敬畏天，庶民百官自然而然地也敬畏天。君王既然是奉天之命治理人世，所以君王不得不崇拜天，定期祭天，不但是君王必行的职责，也是国家的大典。因此，在商周时期，历朝君王每年例必举行盛

大的"郊祀",祭祀上天。

当道教兴起以后，就把天加以人神化，当成有思想有感情的神来拜，并且将之称为"玉皇大帝"。所以在民间流传着许多关于玉皇大帝的传说。

在很久以前，有个神秘的国家叫光严妙乐，管理这个国家的是净德国王，皇后名叫宝月光。他们都已年过花甲，两鬓苍苍，但膝下无子，因此经常为王位没有人继承而忧心忡忡，以至整天吃不好饭睡不好觉。

在一个月圆星朗的夜里，皇后做了一个梦，梦见一位老人慈祥地把一个婴儿送到了她怀里。皇后一见婴儿，欣喜万分，从梦中猛地惊醒。果然不久，皇后就有了身孕，后来生下了一个男孩。

王子长大以后，仁慈善良，常为百姓做善事，所以得到了百姓的拥戴。国王去世以后，王子继位。可是过了不久，他就不再热衷王位了，而是想出外寻仙求道，做一个修道成仙的"真人"。

于是他找来大臣商议，想要把王位让给大臣中贤明的人，自己去深山中修行。大臣们一再挽留，但他执意要走。大臣们很无奈，但是只能尊重他的选择。他一个人来到香岩山中，潜心学道，放弃人世间一切享受，一心用苦行来获得灵魂的超脱。

他不仅自己求道，还四外去布道传法，为众生大开方便之门。有一年，闹瘟疫。多数人因无药救治在痛苦的挣扎中死去，人们面临着巨大的灾难，幸存的人干脆离开了自己的家园，外出躲避。一时间，哭声遍野，人们流离失所，人心惶惶不可终日。

看到这种惨状，他心如刀绞，焦虑万分。为了消灾除病，他登上悬崖绝壁，采来各种草药，遍尝灵验后，又亲自下山送给灾民。这药果然药到病除，人们终于摆脱了瘟神的困扰。

最后，他经历数劫而功成，终于修成正果，得道成仙升到九天之上，得到众神的拥戴。于是统御三界，成为了玉皇大帝。

玉皇大帝是诸天之帝、仙真之王、圣尊之主，三界万神、三洞仙真的最高神，有征召四海五岳之神的权力，万神都列班随侍其左右，犹如人世间的皇帝和公卿。所以，人们为了表示感激而供奉他。

据记载，宋真宗时，皇帝亲自为玉皇大帝造像，尊为自家祖先祭祀，几番上圣号为太上开天执符御历含真体道玉皇大天帝。

道教兴起以后，人们把宇宙穹苍当成有思想有感情的人形神来拜，使得"天公""老天爷"借由玉帝这个神的形象延续了下去。

民间把农历正月初九定为玉皇大帝的诞辰，我国台湾称"天公生"。闽南也有此俗。这一天，道观要举行盛大的祝寿仪式，诵经礼拜。家家户户于此日都要望空叩拜，举行最隆重的祭仪。

玉皇大帝的诞生祭祀，比一般诸神更为隆重及庄严，因为百姓都深信天公是至高无上，最具权威的神，无相足以显示，因此不敢随意雕塑他的神像，而以"天公炉"及"天公座"来象征。一般庙宇都有一座天公炉安置于庙前，祭拜时要先向外朝天膜拜，这是烧香的起码礼仪。

拜天公的祭典，自初九的凌晨开始，一直到天亮为止。在这一天前夕，全家人必须斋戒沐浴，以庄严敬畏的心情举行祭拜，家家户户都要在正厅前面，放置八仙桌，搭起祭坛，供桌上备神灯、柑、桔、苹果、香蕉、甘蔗、金针、木耳、香菇、菜心、豌豆、豆腐等，另设清茶三杯，还有甜粿、社龟，到了时辰，全家整肃衣冠，按尊卑长幼依次敬香，行三跪九叩礼拜，然后烧天公金。

由于玉皇大帝在普通信众和民间信仰心目中，是众神之最，是我国民间传说中的一位主神，所以，他在我国历史与现实生活中都有重要的地位。他是中华历史文化中的一个重要组成部分，同时他也在我国民间百姓中产生了深远的影响。

拓展阅读

传说，在盘古开天辟地以后，天地间一切祥和，后来诸神开始争斗，人间荒淫无度，使得天地三界大乱，太白金星因此下凡寻找才德兼备的人才来做三界的大帝。

太白金星化身成一个乞丐，四处寻找合适的人选，后来到了张家湾村，发现一个人人都叫他"张百忍"的村长张友人，为人忠厚善良，处处为他人着想，受了气还能够处处忍让别人，而且他把村里治理得非常和睦，因此便把他带回天庭做了玉皇大帝。

西王母瑶池种长生蟠桃

在秦代，秦始皇当上了皇帝之后，出于对至高无上的权力和享受不尽的荣华富贵的渴望，便梦寐以求自己可以长生不老，长久地享受现在所拥有的一切。

为了实现自己的梦想，秦始皇委派通晓天文的徐福率领上千名童男童女，去东海为他寻求长生不老药。结果，不但不死仙药没有取得，徐福等人也消失得无影无踪。

后来，秦始皇又听说有个方士说能炼制不死丹药，就花了大量人力物力请方士炼制不死仙药。但这些努力，结果都以失败而告终。

汉武帝也对长生不老非常向往，他派人用铜修建了高30丈，周长为1.7丈的承露盘，据说用此承露盘接来的晨露混合玉屑服用可以实现人的长生。结果，汉武帝也以失败而告终。

虽然这些皇帝们追求长生的活动没有取得成功，但这些活动却对当时的社会影响不小，民间也流行起了追求长生不老的方式，还演绎出了许多长生不老的神话传说。其中就有一个关于女神西王母的故事。

传说在很久很久前，有一位女神住在昆仑山上，她的名字叫西王母。西王母是一位长生不老的仙人，她住在昆仑山的瑶池园。园里种有蟠桃树，蟠桃树3000年开一次花，3000年结一次果，吃了王母娘娘的蟠桃可以长生不老。每逢蟠桃成熟时，王母娘娘便会召集群仙，大开寿筵。

汉武帝渴望长生不老的愿望被西王母知道了，于是在那年的7月7日，这位仙人降落到了汉武帝的宫中，并且带去7个仙桃，给汉武帝吃4个，自己吃3个。汉武帝吃完仙桃后，便收起了吃剩的桃核。西王母称奇地问他原因，汉武帝说是要留作种子用。

西王母说，这是仙桃，每3000年才结一次果。汉武帝听了这样的话，又想到自己活不了那么长的寿命，就变得很失望，便打消了种桃

的念头。这时，西王母命令侍女们奏起天界的音乐。汉武帝连忙叩拜，向西王母请教长生法。

西王母教训汉武帝说："你品性恶劣，一味贪图美食，骄奢淫逸，根本不能长生。今后要除掉这些恶习，洁身自好，既要服药，还要修炼人品。"

汉武帝听后，立刻表示愿意痛改前非、悔过自新，西王母这才授予他秘书一卷，随后便归天而去。

西王母走后，汉武帝并没有把她的一番良苦告诫当作一回事。西王母得知后，便暗中放天火烧毁了送给他的秘书。

到了东汉末年，道教兴起。教徒们将西王母奉为尊神，为了抬高西王母的地位，道教也称西王母是道教第一尊神元始天尊的女儿，有的则视为元始天尊的母亲，类似人间的皇太后，具有掌握宇宙的无上权力。许多地方祠祀的西王母，左右有6位夫人，有送子者、催生者、治瘟疹者各2人，都是仁慈、至尊的神明。道教在每年的三月初三都举行的隆重盛会，庆祝王母娘娘的诞辰。

在民间，人们不仅认为王母娘娘有不死的仙药，而且还有赐福、赐子、化险消灾的神力。

到了明清时期，王母娘娘的信仰遍及全国各地，在甘肃泾川，每年农历三月初三各地都有热闹非凡的蟠桃庙会，百戏竞演，人山人海，蔚为壮观。庙会庆典活动有取水、法会、放河灯、演秦腔、唱小曲、舞神鞭以及剪纸、刺绣、小吃等展销。随着对王母娘娘信仰的深入，西王母的文化内涵从最初长寿女仙的象征逐渐丰富扩大，演变成和平之神、生育之神、长寿之神、养生之神、东方女神等，也成为集和平、福寿、博爱、智慧、和谐等为一体的华夏女性形象。

西王母的形象体现了华夏母亲慈爱、宽厚、勤劳、善良等传统美德和优秀品质，并且在调和社会生活、安抚民间苦闷、巩固伦理道德等方面发挥了重要作用。

西王母作为华夏民族的民间信仰，阐释了华夏女性的文化内涵，解读了华夏文明的发展演变和化生万物的深刻哲理。弘扬西王母文化，有助于继承和发扬中华女性的优秀道德品质，增强女性主体意识，激发全社会爱母、尊母、敬母、孝母的良好风尚。

拓展阅读

在民间，西王母被称为"王母娘娘"，是一位拥有至高权力、雍容华贵的女神。事实上，在历史上，的确有西王母这个人。据说，西王母是公元前3000年左右，活跃在陕西、甘肃高原一带的一个原始部落戎族的别名。被无数神话光环笼罩的西王母并不是天仙，而是青海湖以西游牧部落的女酋长。

甘肃泾川是西王母的降生地，也是西王母祖祠所在地和西王母文化的发祥地。建于公元前110年的王母宫，被誉为"天下王母第一宫"。

财神乐善好施扶持百姓

春秋战国时期，由于当时生产力水平很低，吃饭成为人们需要解决的关键问题。但是商业的发展，使商人获利良多，以致许多人弃农经商，农业生产急剧下降。

为了改善这一情况，当时的秦国国君秦孝公重用商鞅进行变法，商鞅便提出了重农抑商的政策，以法纪来约束生产力，保证社会生产，稳定社会秩序，后来的历代君主也都提倡这一主张。

到了汉代，有位皇帝说，金银珠宝既不能填饱肚子又不能御寒。因此在汉初社会，人们对于钱财的态度，虽然很喜欢，但绝不崇拜迷信，否则会遭到批评。人们的价值

观也都维持儒家礼义伦理，而不是金钱至上。一直到唐代还依然坚持这样的观点，大诗人白居易还批评说"商人重利轻别离"。

因此，从汉代到唐代，尊崇儒家思想的人们从来没有把钱财当作神来崇拜，也没有出现财神，对钱财崇拜的形象只是摇钱树。

到了宋代，随着经济制度的变革，财物交换频繁起来，城市经济迅速发展，出现了非常繁华的都市，再加上与外来的文化的融合，财神成长的土壤日趋丰厚了。

两宋时期，财神的代表符号已经出现了，北宋叫财门，南宋叫财马，他们都是在除夕前用的一些民俗制品在市场上销售的。

元代，财神是那些行业神、祖先神、地方英雄神灵等的兼职，后来，逐渐从其他神职中分离出来。

到了明代，随着商品经济的发展，财神的信仰更加兴盛。在财神以不可阻遏之势蓬勃发展之际，众神信仰也开始奔向财神信仰这样一条独路。佛教中的观音、弥勒佛都被人们当作财神供奉了。而道教诸神、赵公明、关羽等都脱去原来的很多功能，肩负起单一的财神之职，其中影响最大的要数赵公明。

其实，赵公明是个由来已久的人物。传说，那是在商朝的时候，有一年的三月十五日黄昏时分，在终南山下赵代村的一个贫苦人家，诞生了一个男婴，父亲给孩子取名为赵公明。

赵公明年轻时给木材商做工，为了糊口，他每天都要进终南山砍伐木材、背运木材。日复一日年复一年，大家都看出来他为人诚实守信，具有乐善好施的好品质，所以深得工友们的信任。木材商也十分赞赏他，多次奖励他。

后来，赵公明攒了一些钱，又借了工友的一些钱，凭着勇气、胆识和诚信，开始自己做木材生意。由于他自身的好品质，很快就赢得了大家的信赖，都争着和他做生意，因此他很快就积累了一笔巨大的财富。

赵公明虽然富有，但始终没有忘记本性。他经常接济贫困的人们，而且出手大方。

有一次，同村的一个人想自己做生意，就向赵公明借了100两黄金，没想到遭遇天灾亏了本，一时没有能力偿还赵公明的债务。他垂头丧气地来向赵公明说明情况。赵公明发现这个人手里拿着一双木棍，

就想利用这两根木棍让他抵消所欠的债，这个人听了非常惊讶。赵公明这样做，其实是想免除他的债务。

赵公明一边经营商业，一边到终南山拜访道家学者，最终精研道理，修得正道。

人们为了纪念赵公明的取财有道、乐善好施、扶贫助困的精神，后人把他敬为财神。

据元代《三教搜神大全》一书中记载，赵公明原来是一个摄人魂魄的幽冥之神，后来逐渐增加驱邪保财功能，成为财神。

民间所供财神赵公明的形象是，头戴头盔，身穿战袍披铠甲，手持宝鞭，黑脸浓胡须，身跨黑虎，形象威猛。周围常附有聚宝盆、大元宝、宝珠、珊瑚之类，加强了财源茂盛的效果。

在我国民间供奉的财神，除了财神赵公明外，还有以忠义诚信著称的武财神关羽、忠烈刚直的文财神比干、撒钱济贫的准财神刘海、"聚宝天下"的陶朱公范蠡财神、"赐福镇宅圣君"钟馗财神、有求必应的南海"龙五爷财神",还有招财童子、善财童子、五路财神等。在我国沿海地区,还供奉着写有"护国庇民妙应昭应普济天后"字牌的妈祖财神。

在民间,人们求财纳福的心理和追求,充分的反映在春节敬祀财神的一系列民俗活动中。每逢新年,家家户户悬挂财神像,希望财神保佑一年求财大吉大利。除夕之夜人们吃完饺子,彻夜不眠,等待着接财神。有人还送"财神爷"上门。到了初二还要祭财神。

财神是平安的象征,舍己为人的象征,散财才能聚财。善良是最大的财富,服务社会是对于财神的最好信仰和奉献。对财神的崇拜的意义也在于提醒人们,要取财有道,诚信取财,正当取财,智慧取财,不期待一夜暴富,不取不义之财,乐善好施、扶贫助困,才能得到人们的爱护,才能财源广进。

拓展阅读

在古代的民俗中,除夕夜有一项重要的活动,那就是迎财神。除夕夜,全家人要围坐在一起吃饺子,饺子象征财神爷给的元宝。吃完饺子后彻夜不眠,等待着接财神。

"财神"用红纸印刷的财神像,中间是线描的神像,两旁写着"添丁进财"、"祈求平安"的吉利词语。"送财神"的是一些贫寒人家的子弟或街头小贩,他们拿着财神像,穿街走巷,挨门挨户叫:"送财神来喽!"户主绝不能说"不要",而要客气地说:"劳您驾,快接进来。"几个铜钱就可买一张。一个除夕夜,有时能接到十几张"财神",这是为了"财神到家,越过越发"的吉利。

灶神督察人间是非善恶

在原始社会时期，人们在大自然中发现了火，并学会用火来做熟食物。后来，人们用石头砌成了生火做饭的灶来煮饭，同时，人们把对火神的崇拜发展成对灶神的崇拜。祭拜灶神也就成为拜神活动中的一项重要内容。

最初，人们把灶神看作是专管饮食的神来供奉。到了秦代以后，灶神被列为督察人间善恶的神。人们把灶神看作是玉皇大帝派遣到人间考察一家善恶的官。

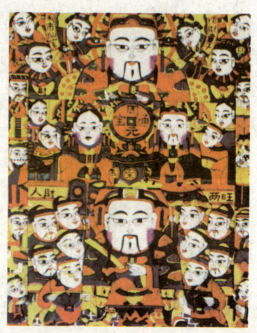

灶神除了掌管人们的饮食，赐予生活上的便利外，还有一个更重要的职责是监督一家老小的善事、恶事、功劳、过失，定期上报天庭。

灶神左右随侍两神，一个捧着"善罐"、一个捧着"恶罐"，随时将一家人的行为记录保存于罐中，年终时总计之后再向玉皇大帝报告。

因此，灶神得到了老百姓的顶礼膜拜，希望他能"上天言好事"。而关于"灶王爷"的故事，在民间也流传得丰富多彩。

古时候，有一户姓张的人家，有兄弟俩人，哥哥是泥水匠，弟弟是画师。哥哥拿手的活是垒灶台，街坊四邻无所不知他的手艺，有需要垒灶台的都找他帮忙，并且都夸奖他垒灶手艺高，日久天长，方圆百里都尊称他为"张灶王"。

张灶王的性格和气善良，还爱劝架，不管到谁家垒灶，遇到人家有纠纷，他就去劝和。遇上吵闹的媳妇他要劝，遇上凶婆婆他也要说，好像是个老长辈。张灶王活到70岁，在那年腊月二十三日深夜去世了。

由于张灶王是一家之主，原来家里事都听他吩咐，现在他离开人间，家里变得一团糟。弟弟只会吟诗绘画，从未管过家务。儿媳妇们都吵着要分家，弟弟被搅得无可奈何，整天愁眉苦脸。

有一天，张灶王的弟弟终于想出个好办法。在腊月二十三日张灶王去世一周年的祭日的深夜，他把全家人喊醒，说是大哥显灵了。并把儿子媳妇全家老小带到厨房，只见黑漆漆的灶壁上，飘动着的烛光若隐若现地显出张灶王和他已故的妻子的容貌，家人都惊呆了。

弟弟说："我梦见大哥和大嫂已成了仙，玉帝封他为'九天东厨司命灶王府君'。你们平时好吃懒做，妯娌不和，不敬不孝，闹得家神不安，大哥全都知道，你们闹分家，他很气恼，准备上天禀告玉帝，年三十晚下界来惩罚你们。"

儿女侄媳们听了这番话，惊恐不已，立即跪地连连磕头，然后赶紧取来张灶王平日爱吃的甜食供在灶上，恳求大哥饶恕。从此以后，经常吵闹的叔伯兄弟和媳妇们再也不敢撒泼闹事了，全家和平相处，老少安宁度日。

没过多久，这件事就传到大街小巷，闹得沸沸扬扬，一传十，十传百，都赶来张家打探。之后便让张灶王的弟弟为大家画灶王像，然后把画好的灶王像分送给邻舍。这样一来，沿乡流传，家家户户的灶房里都贴上了灶王像。

在民间传说中，灶神上天向玉帝告什么状，天帝就会给人定下什么惩罚。在东晋道教学者葛洪写的《抱朴子》中说：

> 月晦之夜，灶神亦上天白人罪状。大者夺纪。纪者，三百日也。小者夺算。算者，一百日也。

也就是说，谁要是做了坏事被灶神知道，严重的要少活300天，轻微的也要少活100天。人们认为平白无故地丢掉几百天的寿命，这种惩罚实在是让人害怕。所以，人们祈福禳灾的时候，对灶王爷都是恭恭敬敬。

随着岁月流逝，腊月二十三贴灶王爷像，摆供品祭祀，自然而然地形成了习俗，人们以此祈求阖家平安。自周代开始，皇宫就将祭灶风俗列入祭典当中，在全国立下祭灶的规矩，成为固定的仪式了。

人们还为此规定了许多行为规矩：不能用灶火烧香，不能击灶，不能把刀斧放在灶上，不能在灶前讲怪话、发牢骚、哭泣、呼唤、唱歌，不能将污脏的东西放进灶内燃烧等等。而且在十二月二十三日，就是灶神离开人间上天禀报的日子，家家户户都要"送灶神"，也叫"谢灶"。

谢灶的日期也分阶层，按民间习俗，官绅权贵在腊月二十三谢灶，一般平民百姓在腊月二十四谢灶，水上人家会在年腊月二十五举行谢灶仪式。但是老百姓大部分会选择腊月二十三谢灶，希望有贵气。

送灶神的供品一般都用一些即甜而又黏的东西，如糖瓜、汤圆、麦芽糖等，意思是用这些又黏又甜的东西，塞灶神的嘴巴，让他回上天时多说些好话，俗话说的"吃甜甜，说好话"，"好话传上天，坏话丢一边"。因此，祭灶神象征着祈求降福免灾的意思。

在祭灶君的时候，要摆齐供品，焚香祭拜，然后第一次进酒，这时要向灶君诚心祷告，完了以后再进行第二次进酒，进第三次酒之后，把旧的灶君像撕下，连同金纸等一起焚烧，代表送灶君上天。这样"送灶神"仪式便完成了。

送走神明后，在第二年的正月初四，有的说是除夕夜把灶神接回来，叫"接灶"或"接神"。接灶神的仪式很简单，只要在灶台上重新贴一张新的灶神。

对灶神的崇拜，反映了人们对和平美好生活的向往，也是警戒人们要遵守世间罚恶赏善的道德规律。这也是中华文化的重要内容，是中华民族传统文化薪火相传、生生不息的奥秘所在。

拓展阅读

在明代陈继儒所著《见闻录》中，记载了这样一桩怪事：

明代有个兵部尚书，名叫张悦。他有一次在接灶神时，家里的一只狗蹲在灶头上，他也不去赶它，任凭它凑热闹，依然照拜灶君不误。说来也怪，那只狗突然从灶上跌下，居然立刻死了。全家人都说这是不祥之兆，但是张悦却不动声色，镇静地对家人说："见怪不怪，其怪自败。"接灶仪式照旧进行。后来他家果然平平安安，没有发生任何不幸的事情。这桩事情传出去后，有人便说这是灶神保佑了张悦一家。

土地爷施恩德庇佑众生

在原始社会时期，自从人们学会了种植庄稼后，便开始大量开垦土地种植稻谷。当人们每年春天种下稻谷的种子时，便会期望等待秋天的丰收。

因为人们种植的粮食有时丰收，有时歉收，所以人们认为一定是有管理土地的神灵在掌控这一切。于是，人们把这种神灵称为土地神。

为了表达对土地神的敬意和感谢，报答大地的恩赐，更希望每年的粮食能丰收，人们便开始为土地神建庙，定期祭祀土地神。在民间，人们还会把一些过世但受人们爱戴的人尊称为本地的土地神。

传说在周武王建周之初，有一年的农历二月二日，一户姓张的人家降生了

一个男婴，父亲给他起名叫张福德。他从小就聪颖好学，而且非常孝敬父母。因此父母也为他感到骄傲。

张福德在36岁时，担任了朝廷的总税官。他为官清廉正直，体恤百姓的疾苦，为老百姓做了许许多多的善事，人们都很尊敬他。后来，他活到102岁去世了，令人称奇的是，在他死后的第三天，他的容貌仍然像活着的时候一样。

后来，有一个贫穷的人为感念他生前的恩德，用四块大石头围成一个石屋来奉祀张福德。没过多久，这个贫穷的人竟然由贫转富。人们都认为这是张福德的神恩庇佑，又考虑到张福德为政的好处，于是，老百姓都纷纷出资用来建庙宇，为他塑金身祭祀他，并尊称他为"福德正神"。做生意人的也常常祭祀他，希望生意得到更好的发展。从此，"福德正神"便成为土地神，也就是社神。

在民间有许多关于土地神的传说。传说土地爷是一方父母官，地头上的事，无论大小，他都管得到。魑魅魍魉、妖怪邪祟之流，也得到土地那里登记户口，就连大闹天宫的齐天大圣孙悟空也有求到他的时候。孙行者保唐僧西天取经时，每到一地，碰到妖魔作怪捣乱，总是先唤出当地土地神问一番究竟。

还有关于土地神助人急困的故事传说。古时候，有一个地方，山林中虎狼经常出没，当地百姓外出种地割草经常会遭遇野兽的袭击。

有一天，一家兄妹两人上山打柴，当他们把打好的柴捆好准备下山时，突然，从树林中蹿出一只老虎向妹妹扑去。哥哥看见大惊，一边高呼救人，一边扔下柴抓起斧头向老虎砸去。老虎屁股挨了一斧头，扭头怒吼，一跃而起，奔哥哥扑来。在这千钧一发之际，一位白胡子老人突然出现，他用手中的拐杖向老虎一挥，老虎便乖乖地向树林深处跑去。

兄妹俩非常感谢白胡子老人的救命之恩，他们忙问他尊姓大名，家住哪里。但是老人只是笑着然后拿拐杖拄了两下地，一转眼就不见踪影。

兄妹俩回到家中向村里人诉说遭遇，村里的人都觉得奇怪，反复

推敲，认为这位老人就是土地神。于是大家开始在山上给土地爷盖庙供奉，祈求神佑平安，风调雨顺，消灾免难。

土地神是我国民间发源最早、信仰最为广泛的神祇之一。在历史发展和演变过程中，土地神信仰内容的逐渐更加丰富，不仅是人们祈福、保平安、保丰收等美好愿望的寄托，也形成了丰富多彩的土地崇拜文化和风俗。

在民间，就把农历二月初二作为土地公的生日，这一天家家户户都要舂米粿，并用手捏成形状像圆饼一样的东西，有大有小，每块粿面印有瓜果和稻穗状等花纹，用来象征兴旺吉祥有财气，俗称"土地公粿"。

在祭拜土地神时，备好酒馔、果品等供筵，焚香虔诚，致祭于家堂供奉的土地公神位"福德正神"，以祈福报功，求赐五谷丰登，六畜兴旺，招财进宝，阖家平安。自这天以后，农民就开始一年的农事活动。

在我国民间众多的神灵家族中，土地神是最有人缘的神了，人们亲切地称土地神为"土地公公"或"土地公"、"土地爷"。土地神像大多数是白发髯髯，右手拿着龙杖，左手执元宝的样子。

土地神庙则遍布每个村庄，而且每年都要举行盛大的节日聚会对土地神进行祭祀，到后来这种聚会就演化成为庙会，成为民间一种重要的风俗。

有的地方，每逢初一、十五，各地群众，以妇女较多，提篮携包，三五成群，熙熙攘攘来到土地庙，烧香磕头、虔诚奉拜，这叫小会。到了每年的农历六月初六，土地爷的生日，则是大会，到时候有五六台大戏同时上演，各村的锣鼓队、秧歌扇鼓、武术杂耍，纷纷登场亮相，卖小吃的、卖日用品的等，也趁势做把生意，村里的人们扶老携幼，熙熙攘攘。土地庙内外，漫山遍野，彩旗招展，鼓乐喧天，人声鼎沸，好不热闹。

在我国台湾等地区，人们认为土地神是功能极强的神明，土地神不仅可以保佑农业收成，也可以保佑生意人经商顺利，还可以保佑旅客旅途平安，甚至还保护坟墓不受邪魔的侵扰等。

人们对土地的崇拜，表达了人们对大地的庇护和感谢，也反映了老百姓祈求平安的愿望，是中华文化中一种淳朴的民风民俗的表现。

拓展阅读

在古代农村里，可以没有其他神庙，但不能没有土地庙。土地庙里住着土地老爷，如果庙堂宽敞，供养丰足，也会把土地奶奶搬来同住。这跟民间传说的一个故事有关。

传说玉皇大帝委派土地公下凡时，问他有什么愿望与抱负。土地公回答希望世上的人个个都变得有钱，人人过得快乐。土地婆却坚决反对，她说："世间的人应该有富有贫，大家都富足了就没人愿意做辛苦的工作，有了差距才能分工合作，发挥社会的功能。"土地公只好打消了自己的想法。因此人们不肯供奉她，却对土地公推崇备至。所以我国南方土地庙常有对联称："公做事公平，婆苦口婆心"。

门神驱邪避鬼守家平安

在远古时期，人们认为凡是与人们日常生活有关的事物都有神的存在。与人们居处、出入、饮食有关的事物，都加以祭祀供奉，以此来表达他们对神的感激之情，祈祷神灵的庇佑，希望神能永远保佑人们的安康。

房门是人们每天每时必须经过的地方，它为人们的出入提供了方便，起到了防范敌害闯入的作用，但那时的人们觉得还是不大牢靠，缺乏安全感。

于是人们想，要是有一个能降鬼伏妖的神明来替自家"站岗守卫"该有多好！而且由于门户是房屋

与外面世界相通的地方，所以人们自然便产生了对门户的崇拜。

从此，人们便信仰守卫门户的神灵，将他们的神像贴于门上，用以驱邪辟鬼，卫家宅，保平安，助功利，降吉祥等，同时也产生了关于门神的神话故事。

相传远古时候，有神荼与郁垒一对兄弟，他们住在度朔山上。山上有一棵桃树，树阴如盖。每天早上，神荼、郁垒兄弟俩便在这棵桃树下检阅众鬼。如果有恶鬼为害人间，他们便把它绑了喂老虎。

后来，人们为了驱凶，索性在门上画出神荼、郁垒及老虎的像，以达到驱鬼避邪之效果。左扇门上画的是神荼，右扇门上画的是郁垒，民间称他们为门神。但到了唐代，神荼和郁垒被两位唐代大将秦琼和尉迟恭所取而代之，成为新的门神。

在隋末的时候，天下大乱。唐国公李渊于617年由太原起兵，与隋将宋老生大战月余，斩宋老生，然后势如破竹，直下长安建立大唐。另一军阀刘武周趁山西空虚，占了李渊的山西老巢。

619年冬，李世民奉父命领兵回击山西。李世民在收复了河东、平阳之后，兵至霍邑。刘武周命元帅宋金刚死守霍邑，宋金刚命偏将尉迟恭扼守白壁关，阻止李世民北进。

李世民手下大将秦琼与尉迟恭展开激战，两人多次交锋，仍难分高下。李世民起爱才之心，想收服尉迟恭。尉迟恭说道："只要刘武周不死，自己便不会叛变。"李世民遂想出一办法，杀了个长相酷似刘武周的人，并将首级送到尉迟恭处。尉迟恭误以为真，所以归顺了李世民。

后来李世民夜宿霍邑衙门，多次在梦中被两个无头人惊醒。李世民仔细琢磨，这两人一个像617年在霍邑被斩的隋将宋老生，另一个却像那个被充作刘武周割了头的人。

这两个无头鬼时时骚扰，使得李世民坐卧不宁。李世民召见英国公徐茂功求计，徐茂功道："主公屈杀这似刘武周之人，是因为急于收降敬德将军，主公可派敬德将军夜守衙门，也许得以安宁。"于是李世民就按照徐茂功说的，使尉迟恭守门，果然那个似刘武周的冤魂不再来扰，而那个像宋老生的冤魂仍至。

于是李世民再次求计于徐茂功。徐茂功道："臣闻宋老生虽为隋将，但其忠勇可嘉。听说宋老生极敬佩秦二哥为人，试增派秦二哥夜守衙门，或许得安。"李世民依言增派秦琼夜守衙门，果然宋老生冤魂也不再来。

此事后来传到民间，人们纷纷在门上张贴敬德和秦琼的画像，以求妖魔鬼祟不敢入门。从此他们两位便成了门神，并相沿成习。

宋代，人们最常用的门神是神荼、郁垒与秦琼、尉迟恭两种。但是，那些非常贫穷的人家买不起门神，于是，就在除夕晚上用一把扫帚和一根黑炭棒顶在两扇门的后边，用以代表黑脸和白脸两个门神。

在明代，武士门神像上，常常添画有爵、鹿、蝠、喜、宝、马、瓶、鞍等物，用来祈福。以后更是取消了门神的祛邪义务，专事祈福。于是，民间形成天官、状元、福、禄、寿星、和合、财神等为门神的风气。

门神祭祀是当时的五祀之一，一般庙宇、宫廷的祭祀仪式是在秋天。一般民宅和房舍只在门旁设置插香处，每天早晚祭祀神明及祖先时，都顺便祭拜门神，表达人们对平安、幸福的向往与追求。门神文化作为我国传统文化中重要的一部分，对人们的生活等各方面都产生了深远的影响。

拓展阅读

传说，长安附近的泾河老龙与一个算命先生打赌，犯了天条，玉帝派魏征在午时三刻监斩老龙。老龙于前一天恳求唐太宗为他说情，唐太宗满口答应。第二天，唐太宗宣魏征入朝，并把魏征留下来，同他下围棋。不料正值午时三刻，魏征打起瞌睡，梦斩老龙。老龙怨恨唐太宗言而无信，于是它阴魂不散，天天到皇宫里来闹，闹得唐太宗六神不安。魏征知道皇上受惊，就派了秦琼、尉迟恭这两员大将，守在宫门保驾，果然，老龙就不敢来闹了。

唐太宗体念他们夜晚守门辛苦，就叫画家画了两人之像贴在宫门口，结果照样管用。于是，此举也开始在民间流传，秦琼与尉迟恭便成了门神。